D1921905

Autofahrer

Die Melkkühe der Nation

Elisabeth Brandau

Autofahrer

Die Melkkühe der Nation

Wer kassiert
Wer profitiert
Wer bezahlt

Molden

ISBN 978-3-85485-222-2

© 2008 by Molden Verlag
in der Verlagsgruppe Styria GmbH & Co KG
Wien · Graz · Klagenfurt
www.molden.at

Buchgestaltung: Bruno Wegscheider
Illustration: ÖAMTC-Archiv
Lektorat und Herstellung: Marion Mauthe
Druck: CPI BOOKS GmbH, Flensburg

Alle Rechte vorbehalten

Inhalt

Vorwort

Während der Arbeit an diesem Buch habe ich mich immer wieder gefragt, warum mich das Thema »Auto« so fasziniert. Szenen fallen mir ein, wie ich im Freundeskreis engagiert über Vor- und Nachteile von Kfz-Steuerreform, Leasingbedingungen oder ähnlich Trockenes referiert habe. Die Begeisterung meiner Zuhörer hielt sich in Grenzen. Das hat mich oft irritiert. Denn immerhin ist die Diskussion über das Auto sehr emotional geprägt und der Wissensstand, der laufend über die Medien transportiert wird, scheint hoch. Oberflächlich gesehen. Es hapert allerdings oft an den Details, die auf den ersten Blick selbst für gut Informierte nicht transparent sind. Daher soll das vorliegende Buch Lücken füllen und eventuelle Missverständnisse bereinigen.
Das Auto wurde in den letzten Jahrzehnten sukzessive in unser wirtschaftliches und soziales Leben integriert. Es hat verschiedenste Phasen seiner Bedeutung für und Bewertung durch die Menschen mitgemacht. Mein persönlicher Zugang zum Thema Auto ist sicherlich auch dadurch geprägt, dass ich wichtige geschichtliche Abschnitte hautnah erlebt habe oder zumindest beobachten konnte. In den 1960er Jahren, die, wie wir heute aus der Langzeitstatistik sehen, die »Boomjahre« des Autos waren, fühlte man sich zwar als Kind einer autolosen Familie nicht gerade arm – damals hatte nicht jede Familie ein Auto. Aber jene, die auf die Frage nach ihren Sommerferien mit »Wir waren mit dem Auto in Italien« antworten konnten, wurden unverhohlen beneidet. Bereits ein Jahrzehnt später wurde das Taschengeld zurückgelegt, um sobald wie möglich den Führerschein zu erwerben. Glücklich, wer das noch vor der Matura schaffte – eine Sensation, mit dem ersten eigenen Auto vor der Schule vorzufahren! (Wo es tatsächlich noch freien Parkraum gab). Doch dann kamen die 1980er. Erste Umweltinitiativen legten die Saat zum Umdenken, das Auto wurde erstmals kritisch betrachtet. Da war man

natürlich dabei, mit jugendlichem Elan und Idealismus die Umwelt zu schützen und das Waldsterben zu verhindern. Aber auf das eigene Auto verzichten? Unmöglich. Wie sonst sollten meine beiden Kleinkinder zu den Großeltern aufs Land gebracht, der Wochenendeinkauf erledigt und überhaupt der Spagat zwischen Familie und Berufstätigkeit geschafft werden? Mit dem Fahrrad?

Das Wirtschaftsstudium tat ein Übriges. So interessant mir verschiedene Bereiche in der Orientierungsphase für die Spezialisierung auch erschienen sind, ich denke, dass ohne Transport gar nichts funktioniert. Wenn Menschen und Güter nicht von A nach B gebracht werden können, ist ein Wirtschaftsleben nicht möglich. Das gilt selbst für die kleinste Einheit. Sogar ein autark betriebener Bauernhof muss die Früchte vom Feld ins Haus transportieren. Umso mehr gilt die Bedeutung der Mobilität in einem komplexen, arbeitsteiligen Wirtschaftssystem als Grundlage allen Handelns. Das ist die eine Seite der Medaille.

Die andere, die meiner Meinung nach oft zu kurz kommt, ist die soziale Komponente. Wer kein Auto zur Verfügung hat, ist von vielen Unternehmungen ausgeschlossen. Oder, richtiger, schließt sich selbst aus. Denn viele Ziele sind zwar auch ohne Auto erreichbar, allerdings oft so kompliziert, dass man dann doch lieber darauf verzichtet. Haben Sie schon einmal versucht, an einem sommerheißen Julitag mit zwei Kleinkindern per Fahrrad das drei Kilometer entfernte Schwimmbad aufzusuchen? Ich schon. Genau ein Mal. Am Heimweg sind die Kinder vor Müdigkeit mehrere Male beinahe vom Rad gekippt, und ich weiß bis heute nicht, wie ich die Anzahl meiner Arme vervielfältigen konnte, um Kinder, Badetasche, Sandspielzeug und mich selbst heil ans Ziel zu bringen. Das war nicht die Art von Erholung, die ich mir vorgestellt hatte. Das nächste Mal mit dem Auto oder gar nicht.

Anderes Beispiel: Ein autoloser Freund ist zur Premiere eines höchst interessanten Theaterstückes eingeladen. Aber leider: Sommerthea-

ter auf dem Land, 40 Kilometer von der Hauptstadt entfernt, kein öffentliches Verkehrsmittel mehr am Abend. Die einzige Alternative, im Ort zu übernachten, ist zu teuer und zeitaufwändig. Er verzichtet.
Nun sehe und höre ich die Autogegner, wie sie gestikulieren und argumentieren. Und ja: Natürlich kann man ohne Auto leben. Und natürlich gibt es immer andere Möglichkeiten. Die Frage ist nur, zu welchem Preis? Damit meine ich auch den damit verbundenen organisatorischen Aufwand, der letztlich in jeder Wirtschaft seinen Preis hat. Es ist nicht einzusehen, warum privat bedingter Aufwand immer als kostenlos und damit eigentlich als »wertlos« gilt. Wer mit dem Auto in die Arbeit fährt, verursacht der Allgemeinheit Kosten und soll dafür zahlen – das sagen die, dic den Autoverkehr am liebsten verbieten möchten. Wer aber öffentlich fährt und damit täglich eine Stunde verschenkt, soll diesen Dienst an der Gesellschaft gratis (und das bitte auch noch fröhlich) leisten.
Die Zusammenhänge zwischen Wirtschaft und Mobilität, die Einbettung des Autos in unser Gesellschaftsleben, und vor allem die Kostenfragen »Wer zahlt was warum für das Auto, und was passiert mit dem Geld?« – alles das wollte ich immer schon ganz genau wissen. Das Auto spiegelt alle Aspekte des Lebens wider und man kann sich mit jedem einzelnen Detail genau so beschäftigen wie mit dem großen Überblick. Man definiert sich über das Auto, entweder als Besitzer, oder aber indem man sich als Nicht-Autofahrer von der Mehrheit abgrenzt. Doch egal ist es niemandem.
Vor allem aber bietet das Auto Unabhängigkeit und Freiheit. Meine Erfahrung zeigt, dass die Hauptsorge vieler Menschen heute der Frage gilt, ob sie sich diese für sie wichtigen Werte auch weiterhin leisten werden können. Darum gibt es dieses Buch. Denn Faktenwissen sollte die Grundlage jeder persönlichen Bewertung – der positiven, aber auch der kritischen – sein.

Wien, im Sommer 2008 *Elisabeth Brandau*

1.

Wir sind alle Autofahrer!

6.000.000 Kraftfahrzeuge, davon 4.300.000 Personenkraftwagen. Und 8.300.000 Menschen, die in 3.500.000 Haushalten leben. Das ist Österreich 2008 – nur wenige Jahre nach dem Jahrhundert, das kurz nach der Erfindung des Autos begann und an dessen Ende es aus unserem Alltag schon nicht mehr wegzudenken war, aber von manchen gern schon wieder weggedacht würde. In einer Zeit, in der die Kritik am Auto zunimmt, obwohl oder gerade weil wir uns davon abhängig gemacht haben. In der der Besitz eines eigenen Autos als Wohlstandsindikator gilt, die Kinder dieses Wohlstandes aber plötzlich auch nach anderen Werten suchen als dem Glück der »Freien Fahrt für freie Bürger«.

Das Thema Auto betrifft uns alle. Manche sachlicher, manche emotionaler. Manche aus ganz persönlicher Sicht: »Wie lang kann ich mir Autofahren noch leisten?« Andere aus Sorge um die globale Zukunft: »Wie schädlich ist es wirklich?« Und wir sind nicht in Gruppen aufzuteilen, die auf verschiedenen Planeten leben: Autofahrer, Radfahrer, Bahnfahrer, Flieger … nach dem Motto »Jedem sein eigenes kleines Universum«. Man kennt die Situation: Der Autofahrer schimpft über die Radler. Sobald er aber selbst auf dem Rad sitzt, stören ihn die vielen Autos. Im Alltag nutzen die meisten Menschen alle Verkehrsmittel, mehr oder weniger oft, je nach Verfügbarkeit und Zweck der Fahrt. Mit klein kariertem Denken kommen wir der Lösung der Probleme, die das Neben- oder besser Miteinander aller

Transportmittel bewirkt, nicht näher. Dass innerhalb jedes Verkehrssystems das Kraftfahrzeug im Mittelpunkt steht, ist unbestritten. Kein anderes Transportmittel erlaubt es, einen Weg so unabhängig von Zeit und Ort, von Wetter und anderen Umständen durchzuführen. Und das ist die Freiheit, die wir meinen. Wird sie eingeschränkt, sei es durch immer mehr Vorschriften oder steigende Kosten, dann ärgert uns das.

Es empfiehlt sich, als Einstieg ins Thema eine kleine Umfrage im persönlichen Umfeld zu starten. Fragen Sie doch Ihre Freunde, Verwandten und Kollegen: Erstens, ob sie es nicht auch für vernünftig halten, ab und zu, wenn möglich, auf das Auto zu verzichten. Und zweitens, warum sie es dann meistens dennoch nicht tun. Die Antworten werden sehr ähnlich sein. Nach der grundsätzlichen Zustimmung zum sparsamen und vernünftigen Umgang mit dem Auto werden Sie eine ganze Reihe von Gründen hören, warum es gerade in dieser oder jener Situation einfach unmöglich war, den Weg anders zu bewältigen: Später Dienstschluss, musste schwere Schachteln transportieren, die Kinder waren von verschiedenen Schulen abzuholen, der Zug fährt nur jede Stunde, es war kalt und hat geregnet – die Reihe ließe sich beliebig fortsetzen.

1.1. Es geht uns gut

Mehr als drei Viertel der Haushalte in Österreich besitzen heute zumindest ein Auto. Während es in städtischen Regionen »nur« zwei Drittel sind, verfügen dafür in ländlichen, nicht so dicht besiedelten Gebieten 83 Prozent über einen Wagen. Von jenen Haushalten, die nicht auf das eigene Transportmittel Auto verzichten wollen oder können, hat durchschnittlich gesehen die Hälfte ein Auto, rund 20 Prozent verfügen über zwei, und in fünf Prozent der Haushalte gibt es drei oder mehr Autos. In Regionen mit geringer Besiedlungsdichte hat jeder zehnte Haushalt sogar mindestens drei Pkw. Nur weniger als ein Viertel der österreichischen Haushalte verzichtet gänzlich auf ein eigenes Automobil. Die Ausstattung mit Fahrrädern liegt noch unter jener mit Autos: Österreichweit geben 68 Prozent der Haushalte an, über ein Fahrrad zu verfügen. Eine Jahreskarte für öffentliche Verkehrsmittel leistet sich gar nur ein Fünftel.[1] Rund 15 Prozent der Haushaltsausgaben entfallen auf Auto und Verkehr, durchschnittlich sind das 5.000 Euro pro Jahr.

Auch Menschen, die freiwillig oder unfreiwillig auf ein eigenes Auto verzichten, benützen gelegentlich selbst eines oder profitieren zumindest vom Fahrzeugbesitz anderer. Man denke nur an Taxifahrten, Leihwagen oder einfach nur an Erledigungen, für die man zum Beispiel in ländlichen Gebieten, die mit öffentlichen Verkehrsmitteln nicht so gut versorgt sind wie die Städte, von den Nachbarn gern einmal mitgenommen wird. Manche »teilen« auch ein Auto – entweder auf geschäftlicher Basis bei »car-sharing«-Anbietern oder auch nur ganz informell im Familienverband. Von der Versorgung mit Gütern des täglichen Bedarfs ganz abgesehen, die natürlich auch der Lkw oder der Kombi in die Geschäfte bringt. Und einen Führerschein zu haben, gilt bei den meisten Menschen schon als ähnlich selbstverständlich wie ein Schulabschluss, auch wenn man vorerst noch nicht über ein eigens Fahrzeug verfügen kann.

Im Vergleich zur Erhebung der Haushaltsausstattung mit Autos rund um die Jahrtausendwende hat sich mit ebenfalls rund drei Viertel bis jetzt aber gar nicht mehr so viel verändert. Mit einer Pkw-Dichte von 512 Autos pro tausend Einwohner scheint heute ein gewisser Sättigungsgrad erreicht, während zum Beispiel noch Mitte der 1970er Jahren mehr als die Hälfte der Haushalte von einem Auto erst träumen konnte. Der große Autoboom hat aber bereits vorher stattgefunden. Die beiden Jahrzehnte beginnend mit etwa Mitte der 1950er Jahre hatten die steilsten Anstiege an Zulassungen zu verzeichnen.

Die rasche Entwicklung zeigen der Bestand und die Zunahme an Pkw und Kombi in Österreichs Haushalten im Zehnjahresabstand:

1955:	143.099	....
1965:	790.675	+ 452%
1975:	1.720.722	+ 118%
1985:	2.530.800	+ 47%
1995:	3.593.588	+ 42%
2005:	4.156.743	+ 16%

Der Anstieg in der ersten Dekade betrug noch unglaubliche 452 Prozent, der Bestand an Autos hatte sich innerhalb des Jahrzehnts zwischen 1955 und 1965 mehr als verfünffacht. Auch die Zunahme von 1965 bis 1975 war mit 118 Prozent noch enorm. In den beiden folgenden Jahrzehnten erhöhte sich der Bestand jeweils um etwas weniger als fünfzig Prozent, die Abflachung der bis dahin steilen Kurve war eingeleitet. Und 2005 waren nur mehr um sechzehn Prozent mehr Autos angemeldet als zehn Jahre davor. Ein noch besseres Bild von der Bedeutung eines eigenen Autos in dieser Zeit zeigt sich unter Berücksichtigung der Zulassungsbesitzer. Waren es zu Beginn noch überwiegend Unternehmen oder die öffentliche Hand (Behörden, Post, usw.), so ist heute der weitaus größere Anteil der Autos in Privatbesitz.

Kein Wunder, dass das Auto als Wohlstandsindikator gilt. War die Zeit des Autobooms doch auch jene des so genannten Wirtschaftswunders, mit steigenden Einkommen eines großen Teils der Bevölkerung und dem Wunsch nach mehr Unabhängigkeit und Reisen. Der durch Fleiß, Ordnung und Entbehrungen bestimmte Alltag der Nachkriegsjahre wurde durch neue Möglichkeiten von Freiheit, Individualität und Erlebnis abgelöst, und das eigene Auto war das geeignete Instrument zur Umsetzung aller Träume. Wer hat nicht noch die Bilder von Italienfahrten stolzer Familien mit dem ersten, selbstverdienten Auto vor Augen? Die Kinder von damals sind die Autokäufer von heute, und nicht wenige wollen die nostalgischen Gefühle an die 1960er und 1970er Jahre mit Mode, Musik und vor allem mit dem Auto immer wieder spüren. Einige aktuelle Automodelle werden bewusst im Retro-Design angeboten – und sie sind Verkaufsschlager. Die Rahmenbedingungen des Individualverkehrs haben sich aber stark verändert. Für die Verwirklichung persönlicher Ziele ist, oft im wahrsten Sinn des Wortes, kein Platz mehr auf unseren Straßen. Gleichzeitig entwickelt sich der Arbeitsmarkt in eine Richtung, die von den Menschen zunehmend mehr Flexibilität – auch im örtlichen Sinn – verlangt. Die geforderte Mobilität kann, besonders im nichturbanen Raum, fast ausschließlich mit dem privaten Pkw erfüllt werden. Auch der Güterverkehr hat innerhalb der genannten Jahrzehnte in ganz Europa stark zugenommen.

Heute bedeutet Freiheit mit dem Auto für viele Pkw-Besitzer, ihre Fahrten ohne nennenswerte Staus absolvieren und sich das Fahrzeug auf lange Sicht auch noch leisten zu können. Die Ausstattung der Haushalte mit dem eigenen fahrbaren Untersatz ist in Österreich, Deutschland und vielen anderen (west-)europäischen Ländern langsam an der Sättigungsgrenze angelangt. Die Neuzulassungen in Österreich sind zum Beispiel 2007 im Vergleich zum Jahr davor bereits um 3,4 Prozent auf unter 300.000 Stück zurückgegangen. Sicherlich auch ein Ausdruck der finanziellen Situation und der Unsicherheit, wie es mit den Belastungen weitergehen wird.

Perspektivenwechsel: Während im Österreich des Jahres 2008 nun, statistisch gesehen, mehr als jeder zweite ein eigenes Auto besitzt, ist es weltweit nur eine von zehn Personen. In vielen Ländern ist die Pkw-Dichte noch geringer bis hin zu kaum vorhanden. Für China schätzt man derzeit etwa zwanzig Autos pro tausend Einwohner, in anderen Regionen der Welt noch weniger. Nicht, dass es nicht drückendere Probleme als jenes des Autobesitzes gibt. Aber wir ahnen bereits die Konsequenzen einer positiven wirtschaftlichen und sozialen Entwicklung, die wir den Menschen in der so genannten Dritten Welt und den Schwellenländern wünschen. Denn selbstverständlich ist auch hier das Auto ein Wohlstandsindikator. Und während »wir« diskutieren, ob nun 120 oder doch eher 130 Gramm Kohlendioxidausstoß pro Kilometer die zukunftsweisende Obergrenze für den Bau umweltverträglicher Motoren ist oder ob die technische Zuverlässigkeit unserer Autos jedes oder doch nur jedes zweite Jahr bewiesen werden muss, stellen sich in vielen Ländern heute noch ganz andere Fragen wie zum Beispiel: Braucht man zum Autofahren einen Führerschein? Wie viele Personen passen in einen Pkw? Oder noch einfacher: Wie kommt man überhaupt von A nach B?

1.2. Die Wirtschaft profitiert

Der Nutzen des Autos, nicht nur für den Einzelnen, sondern auch und vor allem für die Gesamtwirtschaft einer Region, eines Landes oder eines Staates, ist zwar unbestreitbar, aber umso schwerer in Zahlen zu fassen. Oder wer zählt die vielen Stunden, die wir mit dem Auto früher am Arbeitsplatz sein können, berechnet die Umwegrentabilität touristischer Ziele, die vor einigen Jahrzehnten noch gar nicht erreichbar waren, oder bewertet die Effizienz des direkten Haus-zu-Haus-Verkehrs? Einige der Fakten, welche die positive Wirtschaftskraft des Kraftfahrzeuges darstellen, sind aber schon dokumentiert.

Rund 33.000 Menschen in Österreich sind allein unmittelbar in der Produktion von Fahrzeugen – Pkw, Lkw, Bussen, Zweirädern und Traktoren – sowie mit Aufbauten und Reparaturen beschäftigt. Für den gesamten automotiven Bereich rechnet man derzeit etwa 200.000 Beschäftigte, und inklusive vor- und nachgelagerter Wirtschaftsbereiche sind es insgesamt etwa 360.000 Personen, die durch

das Kraftfahrzeug Beschäftigung haben und in der Folge für den Lebensunterhalt von 700.000 Menschen sorgen.[2] Zu jenen, deren Arbeitsplatz mehr oder weniger vom Auto abhängt, gehören neben den Fahrzeugherstellern zum Beispiel Beschäftigte im Handel mit Fahrzeugen und Zubehör, in Reparaturbetrieben, bei Dienstleistungsbetrieben wie Versicherung und Finanzierung, Fahrschulen, etc. und ein großer Teil der Mineralölbranche mit den Tankstellen; und bei allen sind Zulieferbetriebe zuzurechnen.
Apropos Zulieferungen: Die Geschichte der österreichischen Kfz-Zulieferindustrie ist beeindruckend. Oder wussten Sie, dass in Österreich seit dem Jahr 1994 jährlich mehr Autos im Inland produziert als aus dem Ausland importiert werden – zumindest rein rechnerisch in der Außenhandelsstatistik?
Wir erinnern uns an die erste große Ölkrise der Jahre 1973/74, die nicht nur plötzlich hohe Energiepreise und Warteschlangen an den Tankstellen um Benzin und Heizöl mit sich brachte, sondern über Jahre hinaus das wirtschaftliche Gefüge in vielen Ländern beeinflusste. In Österreich war eine der Folgen ein Gesetz, das ab 1978 unter anderen wesentliche Verteuerungen für Autokäufer vorsah – vor allem mit der Einführung eines erhöhten »Luxusmehrwertsteuersatzes« von damals 30 (später 32) Prozent. Und wie immer bei angekündigten Steuererhöhungen versuchen die Konsumenten auszuweichen und handeln noch rasch vor deren Inkrafttreten: Vorziehkäufe prägten das Jahr 1977. Mangels eigener inländischer Autoproduktion stiegen die Importe und verzerrten so die österreichische Außenhandelsbilanz ins Minus. Der zur Problemlösung vorerst medial ins Spiel gebrachte »Austro Porsche« wurde zwar so nie produziert, gilt aber gemeinhin bis heute als Initialzündung für die ab 1977 einsetzende Zuwendung zum Ausbau der Kfz-Zulieferindustrie. Vor allem die Ansiedlung von Motoren- und Getriebewerken großer Automobilhersteller und Kooperationen auf dem Sektor der Allradtransporter haben auch eine ganze Reihe klein- und mittel-

ständischer Betriebe veranlasst, auf die Produktion von Zulieferprodukten aller Art umzusteigen. Bald waren es an die 200 Betriebe, die von Metallteilen bis zu Autotüren, von Dichtringen und Blinkergläsern bis hin zu Forschung und Entwicklung ihr Know-how mit den Fahrzeugproduzenten in ganz Europa teilten. Der Lohn dieser positiven Entwicklung war der Ausgleich der automotiven Außenhandelsbilanz. Beginnend mit einer Deckungsquote (Zulieferexporte in Prozent der Autoimporte) von nur zwölf Prozent im »Startjahr« 1977 folgte nach stetigem Anstieg 1994 erstmals der Ausgleich. Heute überdeckt dieser erfolgreiche Wirtschaftsbereich mit Exporten im Wert von 7,2 Milliarden Euro den Pkw-Importwert von knapp über vier Milliarden Euro um 177 Prozent.

Spricht man von Straßenverkehr und Wirtschaft, darf natürlich der Sektor des gewerblichen Güterverkehrs nicht unerwähnt bleiben, ohne dessen Funktionieren viele Unternehmen nicht beliefert werden könnten. Und ohne den wir als Konsumenten nicht die gewohnte Produktvielfalt in den Supermärkten vorfinden würden. Regionale Versorgung ist mit der Bahn eben nicht möglich, auch wenn sie über längere Strecken ihre Vorteile hat.

Die Liste der Gegensätzlichkeiten zwischen Pkw- und Lkw-Verkehr wächst jedoch kontinuierlich. Ob es nun darum geht, wer mehr an Steuern und Abgaben beiträgt oder darum, wie das alltägliche Gedränge um die richtige Spur auf der Autobahn und die Frage der Lärmbelästigung zu bewerkstelligen sein wird – letztlich lassen sich viele Konflikte auf eine unveränderbare Tatsache zurückführen: Beide Verkehrssysteme, obwohl hinsichtlich Fahrtzweck, Fahrzeiten, Fahrstrecken, Fahrzeuggröße und -gewicht völlig unterschiedlicher Art, sind gleichzeitig Benützer ein- und desselben Straßennetzes. Daher müssen sich die manchmal ungeliebten Partner arrangieren. Eine vernünftige und vorausschauende Verkehrs-, Wirtschafts- und Steuerpolitik ist gefordert, die Rahmenbedingungen für ein möglichst konfliktfreies Miteinander zu schaffen.

1.3. Der Staatssäckel wächst

Überall füttern Autofahrer eifrig die Staatsbudgets ihrer Länder. Unglaubliche 380 Milliarden Euro wandern jährlich von den über 220 Millionen Fahrzeugbesitzern in der Europäischen Union direkt in die Schatzkammern der Mitgliedsländer. Das entspricht etwa 15 Prozent aller Staatseinnahmen. Indirekte Abgaben, etwa aus den Lohnsteuern der Beschäftigten der automotiven Betriebe, sind da noch gar nicht eingerechnet. Auch in Österreich machen die finanziellen Leistungen aus dem Straßenverkehr in Höhe von rund elf Milliarden Euro pro Jahr (ohne Mauten) mit 16,7 Prozent einen erheblichen Anteil an den Steuereinnahmen des Bundes aus. Und sie sind in den letzten Jahren kräftig gewachsen: Seit dem Jahr 2000 beispielsweise um satte 43 Prozent.

Der Autofahrer gilt beim Fiskus als ideales Steuerobjekt. Versetzen wir uns in die Situation eines Finanzministers, der sich etwas wünschen dürfte. Folgendes würde ihm vorschweben: Das Steuerobjekt soll objektiv messbare und unwiderlegbare Merkmale aufweisen. Zum Beispiel technische: Hubraum, Motorleistung, Kraftstoffverbrauch und Emissionen – nach einheitlichen Messmethoden für jedes einzelne Modell festgestellt und festgeschrieben – Gewicht, Länge, Datum der erstmaligen Inbetriebnahme. Fast schon perfekt. Fehlt nur noch jemand, der die nach diesen objektiven Kriterien errechneten Abgaben bezahlt. Die Zuordnung zu einer Person, von der Name, Adresse und möglichst auch eine Kontonummer bekannt sind, ist gegeben. Typenschein oder vergleichbare Dokumente, Zulassungsbescheinigung und die Verpflichtung, bei Übersiedlung das Fahrzeug binnen einer Woche ebenfalls umzumelden, bewirken, dass das Steuersubjekt festgenagelt ist. Seit der Reform der Kraftfahrzeugsteuer 1993, welche die Steuer an die Zahlung der Haftpflichtversicherungsprämie gekoppelt hat, ist sogar die äußerst praktische Einhebung einer autobezogenen Steuer per Kontoeinzug möglich geworden.

Während sich also heute Umweltpolitiker die Abkehr vom Auto wünschen, freut sich der Fiskus über jede Neuzulassung. Das macht übrigens auch die Einführung von umweltfreundlichen Lenkungsabgaben so schwierig. Denn diese haben die Tendenz, ihr Volumen im Zeitablauf zu verringern. Das wäre natürlich auch der Sinn der Sache. Wird umweltschädigendes Verhalten, zum Beispiel überdurchschnittlicher Kraftstoffverbrauch, durch Höherbesteuerung bestraft, so führt der gewünschte Einsparungseffekt automatisch zu Mindereinnahmen für den Staat. Und dieser gleicht die Lücke letztendlich zum Leidwesen der Betroffenen wieder durch höhere Steuersätze aus, denn das Budget muss stimmen. Jene, die sparsam unterwegs waren, fühlen sich dann irgendwie hereingelegt.

Was passiert eigentlich mit unserem Geld?

Eine berechtigte Frage. Aber das Geld hat, wie man auf gut österreichisch so schön sagt, »kein Mascherl«, es ist nicht als Autofahrergeld gekennzeichnet. Der Einnahmenfluss hin zu konkreten Ausgaben ist daher schwer nachvollziehbar. Dabei wäre es zumindest ein schwacher Trost, wenn man als Autofahrer genau wüsste, dass einem die bezahlten Steuern in irgendeiner Weise wieder zugute kommen. Seit Ende der 1980er Jahre das Instrument der Zweckbindung zumindest aus Sicht des Fiskus für altmodisch erklärt wurde (weil unflexibel), fließen de facto alle Steuern aus dem Straßenverkehr in das allgemeine Bundesbudget. Von dort werden zwar die Bundesstraßen und diverse andere Ausgaben teilfinanziert, die mehr oder weniger mit den Autofahrern zu tun haben. Aber von den mehr als zwölf Milliarden Euro, die wir pro Jahr zahlen, gibt die öffentliche Hand nur etwa ein Drittel einigermaßen nachvollziehbar wieder für uns aus.

Besser sieht es bei den Mauten aus. Die Einnahmen aus Vignetten, Strecken- und Lkw-Maut gehen nicht direkt an den Staat, sondern *werden von der ASFINAG (Autobahnen- und Schnellstraßen-Finanzierungs-Aktiengesellschaft)[3] eingehoben, die diese Einnahmen ausschließlich für Finanzierung, Bau und Erhaltung von Autobahnen und Schnellstraßen ausgeben muss. Schlechter fühlen wir uns hingegen, wenn wir an die Mineralölsteuer – mit über vier Milliarden den größten Brocken der Gesamteinnahmen – denken. Ursprünglich zu dem Zweck erfunden, um die Straßenbenutzer ihre Verkehrswege damit selbst finanzieren zu lassen, wurde diese wichtige Zweckbindung 1987 zugunsten der »flexibleren« Mittelverwendung im allgemeinen Bundesbudget aufgehoben. Auch versprochene Zweckwidmungen weiterer Steuererhöhungen wurden nur zum Teil eingehalten. Zum Beispiel sollten aus den Mehreinnahmen der letzten Mineralölsteuererhöhung vom Juli 2007, die pro Jahr zusätzliche Ausgaben für die Kraftfahrer in der Höhe von rund 475 Millionen Euro nach sich zieht, unter dem Dach eines mit diesen Mitteln gespeisten Klimafonds CO_2-senkende Maßnahmen finanziert und umgesetzt werden. Seither hat zwar jeder beim Tanken dafür mitbezahlen müssen, von konkreten Projekten war jedoch bislang wenig zu bemerken.*

All das ist ärgerlich. Wir fühlen uns wie die viel zitierten Melkkühe der Nation.

2. Was uns ärgert

Durchschnittlich vierzig Minuten pro Werktag sitzt jeder Autofahrer in seinem Fahrzeug und verbringt damit, statistisch gesehen, pro Monat mehr als einen halben Tag im »zweiten Wohnzimmer«. Neun von zehn Österreichern sind entweder täglich oder zumindest mehrmals pro Woche mit dem Auto unterwegs.[4] Das Auto hat daher in Österreich einen hohen persönlichen Stellenwert. Ebenso groß ist der Ärger rund um das Thema Autofahren.

2.1. Die Quellen des Ärgers

Vier von zehn Autofahrern müssen sich zum Beispiel entweder täglich oder mindestens einmal wöchentlich sehr über andere ärgern. Ärgerquelle Nummer eins ist dabei erlebte Rücksichtslosigkeit: Zu geringer Abstand und Drängeln hat das größte Problempotenzial, weil es am meisten ärgert und am häufigsten erlebt wird. Dahinter reihen sich Überholen oder Abbiegen ohne Blinken, Hineinschneiden nach dem Überholen, nicht Abblenden und links Fahren. Im Gegensatz zur Kostenfrage gibt es aber bessere Möglichkeiten, mit erlebtem negativem Verhalten anderer umzugehen. Zwei Drittel der Autofahrer versuchen, Konflikte auf der Straße überhaupt zu vermeiden und auf Aggressionen gelassen zu reagieren. Lediglich vier Prozent sagen von sich, dass sie auch einmal aggressiv gegen andere werden. Um sich zu entspannen, ist für die meisten »Musik hören« das beliebteste Mittel. Was sonst noch hilft: Zeitdruck und Stress vermeiden, sich mit dem Beifahrer unterhalten, ordentlich durchatmen und das Fenster öffnen oder eine kurze Pause machen, um wieder ruhig zu werden. Auffällig ist, dass es mehr entspannte Autofahrer auf dem Land als in den Städten gibt. Witziges Detail am Rande: Jeder fünfte Autobesitzer gibt seinem Gefährt einen Spitznamen – vielleicht entspannt das ja auch.

Jeder zweite österreichische Autofahrer fühlt sich durch die Autokosten stark belastet.[5] Und ebenfalls jeder zweite ärgert sich auch darüber. Finanzielle Belastung bedeutet also Ärger. Und am größten ist der über die Spritpreise, danach folgen mit Abstand Werkstatt- und Versicherungskosten. Der Unmut über die Kraftstoffpreise ist übrigens nicht von der Kilometerleistung abhängig, sondern wird von allen Autofahrern gleichermaßen empfunden: Wer wenig fährt, ärgert sich genauso wie der Vielfahrer. Weniger Grund zum Verdruss liefern hingegen die Anschaffungskosten, weil beim Autokauf zunächst einmal eine Grundvoraussetzung geschaffen wird, bei der das positive Gefühl der Inbesitznahme erlebt wird. Bei den Ausgaben für Benzin und Diesel, Service, Reparatur und Versicherung fühlen wir uns hingegen ohnmächtig ausgeliefert.

Und das umso mehr, als das Auto häufig einfach unverzichtbar ist. 88 Prozent der österreichischen Autofahrer sagen von sich, vom Auto abhängig zu sein. Nicht die Bequemlichkeit steht dabei im Vordergrund, sondern das Auto ist für einen großen Teil der Befragten die einzige Möglichkeit, um Alltagswege zu bewältigen. Für 27 Prozent der Autofahrer, die stark auf das Auto angewiesen sind, fehlt die öffentliche Anbindung am Wohnort beziehungsweise an der Arbeitsstelle, 18 Prozent können aus beruflichen Gründen nicht auf das Auto verzichten. Für elf Prozent würde ein Umstieg auf den öffentlichen Verkehr unverhältnismäßig lange Weg- sowie Wartezeiten mit sich bringen. Und zehn Prozent benötigen den fahrbaren Untersatz, um die notwendigen Einkäufe zu erledigen. Vor allem Pendler haben wenige Möglichkeiten umzusteigen. 26 Prozent der Befragten dieser Personengruppe können aufgrund der Wegstrecken oder mangels Alternativen gar keine Alltagswege mit öffentlichen Verkehrsmitteln, per Rad oder zu Fuß zurücklegen. Mehr als die Hälfte überlegt bereits angesichts der hohen Tankkosten, Arbeitsplatz oder Wohnort zu wechseln, sehen aber gleichzeitig kaum eine Gelegenheit dazu.

Insgesamt fühlen sich drei Viertel der Autofahrer vor allem von den hohen Preisen für Benzin und Diesel, die kürzlich gerade einen extremen Anstieg zu verzeichnen hatten, besonders stark belastet. Wenn man auf das eigene Auto angewiesen ist und keine Wahl hat, muss man tanken und sieht sich in der »Spritpreisfalle«.

2.2. Die Hitparade der ärgerlichen Autokosten

Besonders bemerkenswert ist, dass sich der Grad des Ärgerns proportional zur Häufigkeit verhält, mit der man unmittelbar auf die Ausgabe stößt, unabhängig von der Höhe des Betrages. Tanken ist wohl der häufigste Vorgang in Zusammenhang mit dem Auto, der den Griff zur Geldbörse oder Kreditkarte bedingt. Obwohl der Anteil der Spritkosten an den Gesamtkosten »nur« etwa 15 Prozent beträgt, ist der große Ärger verständlich, wenn heutzutage beinahe jede Tankfüllung mehr kostet als die vorherige.

Auf den Plätzen zwei und drei in der Ärgerskala folgen nach den Spritpreisen – mit Respektabstand – die Kosten für Werkstätten beziehungsweise Ersatzteile und für Versicherungen, dann die Steuern allgemein, dahinter die Kosten für die Autobahnvignette, und über die Anschaffungskosten ärgert sich fast niemand mehr. Den Fahrzeugpreisen, Reparatur- und Wartungskosten und den Versicherungen fühlt man sich ausgeliefert, und die Autofahrer wittern bei diesen Kosten kaum Sparpotenzial. Gerade aber die Anschaffung entscheidet schon über die Kostenbelastung der künftigen Jahre. So sieht die durchschnittliche Aufteilung der Autokosten der meist verkauften Pkw in Österreich (Nutzungsdauer fünf Jahre, Jahresfahrleistung 12.000 Kilometer) tatsächlich aus:[6]

- *Fast die Hälfte der Gesamtkosten entfällt auf den Wertverlust. Überraschend: gerade die Kosten, die wir am wenigsten beachten, weil sie bereits kurz nach dem Autokauf innerlich abgehakt worden sind, belasten das weitere Autoleben ganz gewaltig, erschließen uns aber zugleich ein großes Sparpotenzial: Greift man beim Neukauf zum Beispiel zur etwas bescheideneren Kompaktklasse anstatt zur Mittelklasse, ergeben sich, sogar bei gleicher Motorleistung, Preisunterschiede von mehr als 20 Prozent. Das bedeutet nun für den Kostenfaktor Wertverlust ebenfalls Monat für Monat 20 Prozent Ersparnis im Vergleich und macht in unserem Beispiel über die Laufzeit gerechnet rund 3.500 Euro aus.*
- *Wartungs- und Reparaturkosten betragen im Schnitt etwa zehn Prozent, wobei es gerade bei den Reparaturen große Unterschiede geben kann. Häufige Werkstattbesuche, ausschließliche Verwendung von Originalersatzteilen und die meist schwierige Suche nach »günstigen« Anbietern können unter dem Strich im Einzelfall zu großen Abweichungen vom Durchschnitt führen. Aber auch bei diesen Kosten gibt es ein Sparpotenzial, das es aufzuspüren und zu nützen gilt.*
- *Versicherungskosten und Steuern, über die wir uns mittelschwer ärgern, fallen zusammen in die Kategorie der Fixkosten, die rund ein Fünftel der gesamten Autokosten ausmachen. Das Sparpotenzial beginnt bei etwa zwölf Prozent, die man schon allein durch die Entscheidung für das von mehreren ähnlichen Modellen am günstigsten eingestufte erzielen kann. Weitere Einsparungen ergeben sich durch die gezielte Suche nach billigen Versicherungs-*

prämien und eine möglichst niedrige Kraftfahrzeugsteuer, die sich nach der Motorleistung richtet. Faustregel: Je weniger leistungsstark das Auto ist, desto geringer sind die Fixkosten für Versicherung und Steuer.

- *Bei den Mautkosten ist es schwierig zu sparen. Entweder man nützt die Mautstrecken oder nicht. Sie ärgern aber auch nicht sehr. Und wer Mautstrecken nicht benützt, insbesondere die Vignette für Autobahnen und Schnellstraßen gar nicht braucht, hat auch keine entsprechenden Kosten zu tragen. Nur zwei Prozent der Autofahrer ärgern sich spontan über die Vignette. Meist sind das jene, die zwar die Jahresvignette gekauft haben, aber dann doch selten das hochrangige Straßennetz befahren. Oder Wechselkennzeichenbesitzer, die für jedes einzelne Fahrzeug eine eigene Vignette brauchen, obwohl sie doch nie mit allen gleichzeitig fahren können.*
- *Ein paar Prozent der Autokosten gehen auf das Konto von Reifen und weiteren Nebenkosten. Auch dabei kann gespart werden.*

Die über Jahrzehnte gültige Faustregel »Dieselauto für Vielfahrer, Benziner für Wenigfahrer« musste 2008 erstmals in Frage gestellt werden. Die extrem angestiegenen Dieselpreise – häufig schon teurer als Superbenzin – haben zu einer starken Verunsicherung unter den Diesel-Interessenten geführt. Nicht bei allen Anbietern, aber doch bei den meisten ist das vergleichbare Automodell in der Dieselvariante etwas teurer, und diesen Preisunterschied will man durch weniger Verbrauch kombiniert mit niedrigerem Kraftstoffpreis wieder hereinbekommen. Noch ist der Diesel für Vielfahrer billiger. Aber der »Break-even-point« wandert steil nach oben: Das ist jene Jahreskilometerleistung, die erreicht werden muss, um mit dem Dieselmodell günstiger auszusteigen. Bei einem Modell (Kompaktklasse) stieg sie zum Beispiel zwischen 2007 und 2008 von 5.000 auf 7.000 Kilometer, bei einem anderen (Mittelklasse) sogar von 10.000 auf

14.500 Kilometer. Aber Achtung: Mit jeder Preisänderung an der Tankstelle ergibt sich praktisch bei jedem Auto ein anderer Wert. 2009 kann die Situation bereits wieder ganz anders aussehen. Daher ist zu empfehlen, sich diese Werte vor einem geplanten Autokauf nochmals mit den aktuellen Preisen genau auszurechnen oder ausrechnen zu lassen.
Umfragen über den Ärger und die Einschätzung der Autokosten durch die Autofahrer auf der einen sowie die Autokostenrechnungen und Echtpreiskalkulationen auf der anderen Seite zeigen deutlich, dass Emotionen und Tatsachen häufig voneinander abweichen. Kosten werden unterschiedlich wahrgenommen, abhängig von der Häufigkeit und den Umständen, unter denen sie auftreten. Täglich einen Euro zahlen zu müssen, berührt uns wesentlich unangenehmer als 365 Euro im Jahr, die automatisch vom Konto abgebucht werden.

2.3. Autokosten nachgerechnet

Die Hälfte aller Autofahrer ärgert sich zwar über die Autokosten, gleichzeitig schätzen aber zwei Drittel der Autofahrer ihr Wissen um die Autokosten als gut oder sogar sehr gut ein. Am besten glauben sie über die Preise von Kraftstoff und Vignette Bescheid zu wissen, am schlechtesten über jene von Autozubehör und die anderen Mautkosten. Nur jeder zehnte Autolenker kann nach eigenen Angaben die laufenden Kosten für sein Auto pro Monat oder Jahr ad hoc ganz genau nennen, jeder fünfte Autofahrer gar nicht. Wobei sich natürlich Vielfahrer und andere Personen, denen das Auto eben sehr wichtig ist, generell deutlich stärker mit dem Thema Autokosten auseinandersetzen.[7]
Es zeigt sich eine große Diskrepanz zwischen gefühlsmäßiger Einschätzung und Realität: Tatsächlich sind, über einen Zeitraum von fünf Jahren gerechnet, Anschaffungskosten und laufende Kosten

Kostenproblematik aus Sicht der Autofahrer
Subjektive Selbsteinschätzung in verschiedenen Kostenbereichen

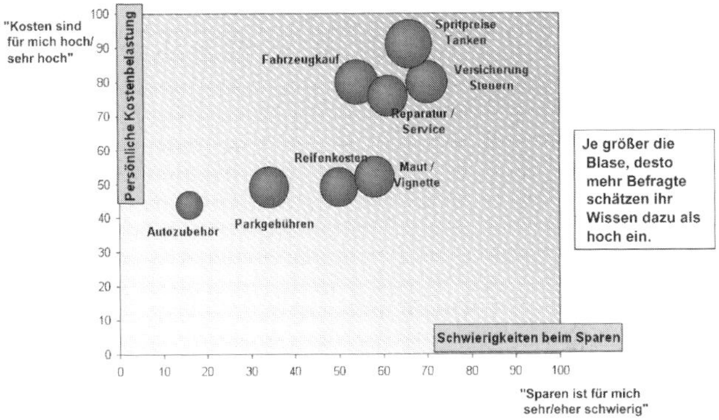

für ein durchschnittliches Auto ungefähr gleich hoch. Aber nur einer von zehn Autofahrern schätzt diese Relation richtig ein. Die laufenden Kosten rund ums Auto werden von zwei Drittel der Befragten deutlich unterschätzt. Die Investition für die Anschaffung bleibt hingegen zwar noch viele Jahre als hoher Betrag in Erinnerung, wird aber nach einer gewissen Zeit abgehakt. Man ärgert sich dann eher über Ausgaben, die man täglich in der Geldbörse spürt.
Eine Analyse der Kostenarten, die durch Besitz und Betrieb des Autos anfallen, hilft, Kostenbewusstsein zu erlangen und mit diesem Wissen sein individuelles Sparpotenzial zu entdecken. Wir unterscheiden so genannte »fixe« und »variable« Kosten.
Fixe Kosten sind jene, die unabhängig von der Nutzung des Fahrzeuges entstehen. Selbst wenn Sie ein Auto kaufen und dann nie damit fahren, fallen Kosten an. Dazu gehören:

- Anschaffungskosten/Wertverlust: *Kaufpreis inklusive Steuern wie Normverbrauchsabgabe und Mehrwertsteuer; Finanzierungskosten*

- Anmeldungskosten: *Zulassungsgebühren*
- Versicherungskosten: *Prämien für Haftpflicht- und eventuell Kasko-, Insassenunfall- und Rechtschutzversicherungen*
- Motorbezogene Versicherungssteuer = *Kraftfahrzeugsteuer*

Variabel nennt man hingegen Kosten, die mit dem Betrieb des Fahrzeuges zu tun haben. Fährt man nicht, fallen sie nicht oder nur in sehr geringem Ausmaß an. Variable Kosten im engeren Sinn sind streng fahrleistungsabhängig: Sie steigen mit jedem Kilometer. Prominentestes Beispiel dafür sind die Kraftstoffkosten. Andere fallen im Gegensatz zu den Fixkosten zwar auch nur dann an, wenn man überhaupt fährt, ändern sich aber bei geringerer oder höherer Fahrleistung nicht mehr (Beispiel: Vignette).

- Spritkosten: *Ausgaben für Kraftstoff und Schmiermittel*
- Mautgebühren: *Vignette, Streckenmauten*
- Service- und Reparaturkosten, *inklusive regelmäßige technische Überprüfungen*
- Reifenkosten
- Diverse kleinere Ausgaben, *zum Beispiel für Kurzparkzonen, Straßenkarten, etc.*

»Halbfixe« Kosten sind von der individuellen Situation abhängig. Wer etwa im dicht verbauten Gebiet wohnt, muss oft die Miete für einen Platz in der Parkgarage als Fixkostenelement hinzurechnen. Ist Parken hingegen zu Hause kein Problem und es fallen nur hin und wieder Kurzparkgebühren an Zielorten an, dann sind diese Beträge den variablen Kosten zuzuordnen.

Sparpotenzial gibt es bei allen Kosten. Bei der Anschaffung eines Autos unterliegen wir aber gern der Versuchung, nicht jeden Euro zwei Mal umzudrehen. Schließlich ist der Neuwagenerwerb ein gewisses Lusterlebnis, das man sich nicht verderben möchte. Dabei wäre da schon viel zu sparen. Nimmt man zum Beispiel von einem bestimmten Automodell, das in zwei unterschiedlichen Ausstattungsvarianten angeboten wird, die billigere der beiden, kann man bald einmal ein Sparpotenzial von zehn Prozent für sich verbuchen – und das wirkt sich nicht nur beim Kauf selbst, sondern auf Jahre hinaus positiv auf den Geldbeutel aus. Mit dem niedrigeren Kaufpreis sinken auch die Finanzierungskosten automatisch. Geringere Motorleistung bedingt weniger Kraftfahrzeugsteuer und möglicherweise auch billigere Versicherungsprämien. Und den Grundstein für das spätere Sparen bei den Spritkosten kann man durch die Entscheidung für ein verbrauchsärmeres Modell ebenfalls schon beim Kauf legen.

Sparen bei den variablen Kosten macht dauerhaft zufriedener. Denn wie wir bereits wissen, ärgern die Ausgaben am meisten, die man am häufigsten tätigt.

2.4. Der Index als objektiver Beobachter

Autokosten sind natürlich individuell ganz unterschiedlich hoch, je nachdem um welches Auto es sich handelt, und abhängig von Fahrleistung, Fahrstil und Ausnutzung der möglichen Sparpotenziale. Und jeder empfindet die finanzielle Belastung durch das Auto innerhalb seines sonstigen finanziellen und familiären Umfeldes anders. Aber gibt es auch eine objektive Möglichkeit, die tatsächliche Entwicklung der Kosten über bestimmte Zeiträume und deren Belastung für die Konsumenten nachzuvollziehen?

Der »Preisindex für den privaten Pkw-Verkehr«[8] lässt einen Blick auf die Gesamtbelastung, aber vor allem auf Preisänderungen einzelner Kostenfaktoren zu. Er ist ein Teilindex des Verbraucherpreisindexes, der monatlich erstellt wird und zusammengefasst zu einem Jahreswert die Inflation darstellt. Dazu wird ein Warenkorb festgelegt, der den Ausgaben eines durchschnittlichen österreichischen Haushalts entspricht. Für jede einzelne Ware werden die Preise an einem bestimmten Stichtag jeden Monats erhoben. Die Summe der Preisänderungen, wobei jedes Produkt mit einer »Wichtigkeit« für den durchschnittlichen Haushalt bewertet wird, ergibt dann die gesamte Teuerung all jener Dinge, die wir erwerben. Die Gewichtung ist deshalb notwendig, weil es schließlich einen großen Unterschied macht, ob etwa Elektronikgeräte, die man nicht so häufig kauft, um einen bestimmten Prozentsatz teurer geworden sind, oder Lebensmittel, die zwar einen wesentlich geringeren Stückpreis haben, die man aber täglich braucht.

In diesem Warenkorb sind auch die Haushaltsausgaben für den Bereich Verkehr enthalten: für Auto, Fahrrad, Öffentliche Verkehrsmittel, usw. Schließlich geben die österreichischen Haushalte für »Verkehr« rund 15 Prozent ihres Einkommens aus (was etwa 5.000 Euro pro Jahr entspricht).

Für den »Preisindex für den privaten Pkw-Verkehr« werden nun alle jene Einzelindices, die ausschließlich das Auto betreffen, aus dem Verbraucherpreisindex herausgenommen und nochmals als eigener Index berechnet – quasi eine spezielle »Auto-Inflation«. Wir können aus den veröffentlichten Werten einerseits die Entwicklung der Gesamtbelastung über die Jahre erkennen – »Um wie viel Prozent ist das Autofahren seit dem Jahr x teurer geworden?« – und andererseits Preiserhöhungen (oder auch Preissenkungen) der einzelnen Kostenfaktoren feststellen – »Um wie viel Prozent sind Reifen seit dem Jahr y teurer geworden?«.

Angenommen, der Preisindex für den privaten Pkw-Verkehr auf der Basis 2005 = 100 beträgt für das Jahr 2008 110,0. Das würde bedeuten, dass die Ausgaben für das Autofahren in diesen drei Jahren um zehn Prozent gestiegen sind, weil die Preise für die autobezogenen Waren und Dienstleistungen im Durchschnitt um diesen Prozentsatz angehoben wurden. Rechnerische Verknüpfungen erlauben es, auch

Zeitreihen über mehrere Jahre oder sogar Jahrzehnte anzulegen. Ein großer Schock war 2008 Monat für Monat die Veröffentlichung des Teilindexes für Dieselkraftstoff. Er bewies, dass der Preis für einen Liter, immer im Vergleich zum jeweiligen Monat des Vorjahres, also innerhalb Jahresfrist, um bis zu unglaubliche 44 Prozent gestiegen war. Auch Benzin mit mehr als 20 Prozent Preissteigerung war somit als einer von mehreren »Preistreibern« entlarvt, die letztendlich alle zusammen – Energiekosten allgemein und Preise für Lebensmittel mit eingeschlossen – für die hohe Inflation verantwortlich sind.

Im Vergleich zu den jeweiligen Basisjahren[9] sind die Belastungen durch den privaten Pkw bis heute um so viel gestiegen (Hochrechnung 2008 auf Basis der Halbjahresergebnisse):

Basis 2005 = 100	2008 = 110	→ Verteuerung um	10 % seit 2005
Basis 2000 = 100	2008 = 124	→ Verteuerung um	24 % seit 2000
Basis 1996 = 100	2008 = 135	→ Verteuerung um	35 % seit 1996
Basis 1986 = 100	2008 = 183	→ Verteuerung um	83 % seit 1986
Basis 1976 = 100	2008 = 286	→ Verteuerung um	186 % seit 1976

Mit diesen Zahlen kann nun die finanzielle Belastung durch das Auto, die wir alltäglich zu spüren vermeinen und die uns so ärgert, auch ganz objektiv nachgewiesen werden.

3. Erst zahlen, dann fahren

Bevor man auch nur einen einzigen Meter mit dem Auto gefahren ist, muss schon dafür bezahlt werden. Anschaffung, Anmeldung und ein Haftpflichtversicherungsvertrag sind die Grundvoraussetzungen, um das neu erworbene Vehikel endgültig in Besitz nehmen zu dürfen. Oft wird gar nicht bedacht, dass bereits zu diesem Zeitpunkt rund die Hälfte der Gesamtkosten, über die Haltungsdauer hinweg gerechnet, anfallen.

3.1. Autokauf: Ein Drittel gehört dem Staat

Der alte Wagen hat ausgedient, ein neues Auto soll angeschafft werden. Kluge Konsumenten informieren sich in aller Ruhe über verschiedene Modelle, denn spontane Käufe kommen oft teuer. Eine persönliche Checklist kann die zielgerichtete Suche nach dem passenden Fahrzeug erleichtern. Soll es ein Benziner oder ein Diesel sein? Schaltung oder Automatik? Reicht ein Kleinwagen oder benötigt die Familie das Platzangebot eines Minivans? Vielfahrer werden vielleicht mehr Augenmerk auf die Bequemlichkeit legen, Anfänger auf die Übersichtlichkeit. Jeder hat individuell andere Bedürfnisse und Vorstellungen darüber, welche Wünsche das Auto erfüllen soll. Es empfiehlt sich auch, sich im Bekanntenkreis umzuhören. Wer ist

mit seinem Auto besonders zufrieden? Auch die Automobilclubs stehen selbstverständlich mit Rat und Tat zur Seite und bieten Beratung für jene an, die sich so gar nicht entscheiden können[10].
Ist das Wunschauto ausgewählt, geht es an die Details. Ausgehend vom angeschriebenen Listenpreis wird man nun ausloten, ob mögliche Extras noch zusätzlich drin sind (Achtung: alles Ausverhandelte schriftlich im Vertrag festhalten), und ob am Preis selbst noch geschraubt werden kann (nach unten natürlich). Als Faustregel gilt: je weniger »beliebt« ein Auto auf dem Markt ist, desto mehr Rabatt ist möglich. Das gilt für bestimmte Marken und Typen genauso wie für einige Farben oder für Auslaufmodelle.
Die meisten Fahrzeughersteller bieten auslaufende Fahrzeugmodelle zu günstigeren Preisen an als jene, die neu auf den Markt kommen. Oftmals werden solche Ausführungen ohne extra Aufpreis umfangreicher ausgestattet. Aus technischer Sicht kann der Kauf der letzen Entwicklungsstufe eines Autos sinnvoller sein, da die meisten Konstruktionsfehler der ersten Stunde ausgemerzt sind und so ein ausgereiftes, verlässliches Fahrzeug erworben werden kann. Genau diesen Vorteil findet man bei den ersten Serien neuer Modelle selten. Garantie und Gewährleistung sorgen zwar beim Auslaufmodell für eine Schonung der Brieftasche, man fährt aber tendenziell häufiger in die Vertragswerkstatt. Die endgültige Entscheidung kann man nur selbst treffen. Lassen Sie sich beim Automobilclub von unabhängiger Seite beraten!
Eine weitere wichtige Regel für die Preisverhandlungen: Dem Autohändler gegenüber sollte man vorerst jedenfalls als Barzahler auftreten; auch dann, wenn das Auto letztendlich über Kredit oder Leasing finanziert werden soll. Das kann immer noch zu einem späteren Zeitpunkt, wenn der Kaufpreis ausgehandelt ist, besprochen werden.

3.1.1. Wie setzt sich der Kaufpreis zusammen?

Der endgültige Preis, der zu bezahlen ist, besteht aus dem Nettopreis – also dem tatsächlichen Autopreis laut Hersteller (beziehungsweise laut Vereinbarung) – plus Normverbrauchsabgabe (NoVA), plus Mehrwertsteuer auf das Ganze. Genau in dieser Reihenfolge wird gerechnet.

Beispiel:

Autopreis netto	20.000 €
+ NoVA z.B. 8%	1.600 €
Zwischensumme	21.600 €
+ MwSt. 20%	4.320 €
Gesamtsumme	25.920 €

Vom Mehrwertsteuergesamtbetrag von 4.320 Euro entfallen 4.000 Euro auf den Fahrzeugpreis, und zusätzliche 320 Euro auf die Normverbrauchsabgabe. Dass die Mehrwertsteuer in diesem Fall nicht nur auf den Produktpreis, sondern auch auf die NoVA anfällt – »Steuer auf die Steuer« – ist derzeit Gegenstand einer Klage der Europäischen Union gegen die Republik Österreich, welche (noch) nicht bereit ist, auf diese Zusatzeinnahmen zu verzichten. Allerdings ist die EU-Kommission gleichzeitig bestrebt, aus grundsätzlichen Erwägungen in allen Mitgliedsländern mittelfristig die in einigen Ländern bestehenden Zulassungssteuern, und dazu zählt unsere NoVA, überhaupt abzuschaffen. Ein entsprechender Richtlinienentwurf wartet eigentlich nur mehr auf seinen einstimmigen Beschluss. Das wird wohl nicht von heute auf morgen geschehen, Experten rechnen nicht vor 2010 damit (und dann dauert es erfahrungsgemäß noch einige Zeit bis zur nationalen Umsetzung). Zulassungssteuern existieren zwar nur in einigen und längst nicht in allen europäischen Ländern. Sie sind aber dort, wo es sie gibt, sehr unterschiedlich ausgeprägt.

Die höchsten gibt es in Dänemark, wo sie den Endpreis neuer Autos beinahe verdreifachen. Verständlich aus Sicht des dänischen Fiskus, dass er auf diese Einnahmen nicht verzichten möchte. Unverständlich hingegen für viele Kraftfahrer in ganz Europa, dass sie allein für die Zulassung schon große Summen an den Staat abliefern müssen. In Österreich ist es bis zu einem Drittel des Kaufpreises, der auf NoVA und Mehrwertsteuer entfällt. Wurde doch die Normverbrauchsabgabe im Jahr 1992 als Nachfolgerin der ebenso lästigen Luxusmehrwertsteuer erfunden, die bis dahin jeden Autoneukauf mit einem erhöhten Mehrwertsteuersatz von 32 Prozent bestrafte. Dieser war dann aus zwei Gründen nicht mehr tragbar: Einerseits stand der Beitritt Österreichs zur Europäischen Union (1995) schon vor der Tür, und es war klar, dass die EU in ihren Mitgliedsstaaten solche extra hohen Mehrwertsteuersätze nicht akzeptieren würde. Andererseits hatte über all die Jahre ihrer Geltung schon allein der Begriff einer »Luxussteuer« einen äußerst schalen Beigeschmack. Warum auch sollte der Besitz eines Autos Luxus sein?

3.1.2. Die Normverbrauchsabgabe

Nun müssen wir sie also – noch – zahlen, und zwar immer dann, wenn ein Auto (oder ein Motorrad) in Österreich erstmals zugelassen wird. Das betrifft in der Regel natürlich Neufahrzeuge, in Ausnahmefällen aber auch Gebrauchte und zwar dann, wenn sie aus dem Ausland importiert werden oder wenn ein vormaliger Lastkraftwagen auf einen Pkw umtypisiert wird. Normalerweise wird die NoVA als Teil des Rechnungsbetrages gleich beim Autohändler einbehalten und von diesem an die Finanz weitergeleitet. In den genannten Ausnahmefällen ist das jeweilige Wohnsitzfinanzamt zuständig.
Aus der NoVA-Formel errechnet sich, individuell pro Modell und abhängig vom Durchschnittsverbrauch nach MVEG-Norm, ein Pro-

zentsatz, der auf den Fahrzeugpreis aufgeschlagen wird. Der Höchstsatz beträgt 16 Prozent. Der niedrigste Steuersatz beträgt theoretisch null: Als nämlich im Jahr 1992 die Normverbrauchsabgabe erfunden wurde, waren sich Autohersteller und Politik gerade darüber einig, dass bei Diesel-Pkw ein durchschnittlicher Kraftstoffverbrauch von zwei Litern pro hundert Kilometer anzustreben wäre, bei Benzinern von drei Litern. Und dieses Ziel war von Anfang an in der Formel »eingebaut« – Autos mit einem solch niedrigen Verbrauch kämen zu einem Steuersatz von null. In der Praxis werden aber keine Autos mit einem NoVA-Satz unter vier oder fünf Prozent angeboten.

NoVA-Grundformel für Benzin-Pkw: (Verbrauch – 3) x 2 = %-Satz
NoVA-Grundformel für Diesel-Pkw: (Verbrauch – 2) x 2 = %-Satz

Als Verbrauchswert wird dabei der Durchschnittsverbrauch nach MVEG-Norm eingesetzt. Verfügt das Fahrzeug nur über die (ältere) Angabe eines ECE-Verbrauchswertes, dann müssen zu diesem beim Benziner zehn Prozent und beim Diesel 12,5 Prozent hinzugerechnet werden, um den MVEG-Wert zu erhalten.
Der Prozentsatz am Ende der Rechnung wird mathematisch auf eine ganze Zahl gerundet. Lautet das Rechenergebnis zum Beispiel 7,4, dann zahlt man sieben Prozent NoVA, bei einem Resultat von 7,6 werden acht Prozent eingehoben.
Zu kompliziert? Es kommt noch schlimmer. Denn mit diesem Ergebnis können wir nun erst den Grundbetrag an zu zahlender Normverbrauchsabgabe bestimmen. Um beim obigen Beispiel zu bleiben: Kostet das Auto 20.000 Euro und der errechnete NoVA-Satz beträgt acht Prozent, dann werden 1.600 Euro NoVA fällig. Gab es in den letzten Jahren schon einen Nachlass von 300 Euro, wenn ein neuer Diesel-Pkw mit Partikelfilter ausgestattet war, und einen prozentualen Zuschlag für Fahrzeuge ohne, so änderte sich ab Mitte 2008 auch für Autos mit anderen Antriebsarten einiges.

Der nach der Grundformel errechnete NoVA-Betrag ist seit 1. Juli 2008 mit einem zusätzlichen Bonus-Malus-System versehen, das uns veranlassen soll, umweltfreundlichere Autos zu kaufen. Das ganze nennt sich dann CO_2-Steuer. Österreichs Politik kann damit endlich auch in den Chor jener Länder einstimmen, die stolz von sich behaupten, fiskalisch etwas gegen das Zuviel an CO_2 auf der Welt getan zu haben. Wie viel das bringt, wird sich erst im Nachhinein zeigen. Wer dafür zahlt, ist jetzt schon klar.
Seit 1. Juli 2008 werden zusätzlich zur schon vorher berechneten NoVA folgende Elemente in die Steuerberechnung eingefügt (alle Beträge sind noch ohne Mehrwertsteuer angeführt, für die Berechnung der Gesamtbelastung müssen daher noch jeweils 20 Prozent addiert werden):

1. Neue Bonus-Malus-Regelung betreffend CO_2
- *Pkw bis 120 g CO_2/km: Bonus € 300,–*
- *120 bis 180 g CO_2/km: keine Änderung*
- *ab 180 g CO_2/km: für jedes weitere Gramm CO_2 zusätzlich € 25,– Malus (Ab 1. Jänner 2010 sinkt die Grenze von 180 g auf 160 g.)*
- *Malus für Pkw ohne CO_2-Angabe: € 20,– pro kW über 100.*

2. Neue Bonus-Malus-Regelung betreffend NO_x, Partikel und Alternativantriebe
- *Benzin-Pkw maximal 60 mg NO_x/km: Bonus € 200,–*
- *Diesel-Pkw maximal 80 mg NO_x/km und Partikel maximal 0,005 g NO_x/km: Bonus € 200,–*
- *Alternativantriebe: Bonus € 500,– (gegen gerechnet mit dem tatsächlichen Abgasverhalten; gilt für: Hybrid, E85, Erdgas, Flüssiggas, Wasserstoff)*

3. Änderung der Bonus-Malus-Regelung für neue Diesel-Pkw
- *Bis 30. Juni 2008 wurde für Diesel-Pkw mit Partikelfilter ein*

Bonus von € 300,– vom errechneten NoVA-Betrag abgezogen. Für Diesel-Pkw ohne Partikelfilter bezahlten die Käufer einen Malus in Höhe von 1,5% der NoVA-Bemessungsgrundlage, maximal jedoch € 300,–.

- *Seit 1. Juli 2008 wird kein Bonus mehr verrechnet, der Malus bleibt mit einem Fixbetrag von € 300,– pro Fahrzeug aufrecht (kein Ablaufdatum).*

Kommen mehrere Bonusbeträge zusammen, wird der maximal mögliche Betrag auf 500 Euro begrenzt. Die Maluszahlungen kommen hingegen unbegrenzt zur Anwendung. Schließlich sollen wir zwar viele umweltfreundliche Autos kaufen und dafür ein bisschen belohnt werden, aber der Fiskus will seine Einnahmen von mehr als 500 Millionen Euro pro Jahr aus der Normverbrauchsabgabe nicht geschmälert sehen.

3.1.3. Autopreise in Europa – zahlt sich der Selbstimport aus?

Was die NoVA betrifft, sei eines gleich vorweg festgehalten: Sie wird auch dann fällig, wenn man ein Auto, egal ob neu oder gebraucht, importiert. Nur wenn das Fahrzeug im Ausland billiger erstanden wurde, sinkt damit auch der NoVA-Betrag im Vergleich etwas, da er immer als Prozentsatz des Fahrzeugpreises berechnet wird.
Ob Mehrwertsteuer fällig wird, entscheidet die Einstufung, ob es sich um ein Neufahrzeug oder um ein gebrauchtes handelt: Neue zahlen in Österreich 20 Prozent. In diesem Fall lautet der korrekte Name der Abgabe übrigens Einfuhrumsatzsteuer und nicht Mehrwertsteuer, sie ist aber im Grunde genommen dasselbe. Dafür hat man sich im Gegenzug die ausländische Mehrwertsteuer erspart, indem sie entweder vom Händler – manche sind darauf vorbereitet –

erst gar nicht eingehoben wird, oder, wenn man sie bezahlen musste, im Zuge der Mehrwertsteuerrückvergütung wieder zurück erhält.
So wie alle rechtlichen und technischen Fragen rund um den Eigenimport ist auch die Definition von Neu- und Gebrauchtwagen EU-einheitlich geregelt. Als neu gelten alle Fahrzeuge, die zum Zeitpunkt ihres Erwerbs weniger als 6.000 Kilometer auf dem Tacho haben ODER deren erstmalige Inbetriebnahme nicht länger als sechs Monate zurückliegt. Man kann sie aus anderen EU-Ländern in der Regel problemlos importieren. Gebrauchtwagen sind Fahrzeuge, die zum Zeitpunkt des Erwerbs einen Tachostand von mehr als 6.000 Kilometern aufweisen UND deren erstmalige Inbetriebnahme mehr als sechs Monate zuvor erfolgt ist. Bei Gebrauchten sollte unbedingt erst überprüft werde, ob eine Einzelgenehmigung für das gewünschte Fahrzeug überhaupt erteilt werden kann. Für erhaltens- und sammelwürdige Oldtimer gibt es zusätzlich noch einige spezielle Regelungen. Genauere Auskünfte über die richtige Vorgangsweise und technische Details, wie etwa auch zur NoVA-Berechnung, erteilen Autofahrerclubs[11].
Die Hauptfrage, die sich stellt, ob man nun selbst importieren soll oder nicht, lässt sich leider so generell nicht beantworten. Vieles, was dafür oder dagegen spricht, liegt vorerst einmal im ganz persönlichen Bereich. Wer eher vorsichtig ist, den persönlichen Kontakt mit seinem Stamm-Autohaus schätzt und Behördenwege ganz allgemein lieber vermeidet, wenn sie nicht unbedingt sein müssen, wird sich auf das Abenteuer Eigenimport eher nicht einlassen. Auch wenn es heute einfacher als vor dem EU-Beitritt Österreichs geworden ist, braucht es doch oft eine ganze Menge an Rechercheaufwand, bis man das geeignete Auto möglichst günstig gefunden und dann letztendlich angemeldet hat. Telefon- und Internetkosten, eventuell eine Reise zum persönlichen Aufsuchen des Autohändlers, bis hin zu Transportkosten und Behördengebühren sind unter dem Strich in Rechnung zu stellen. Da können schon ein paar hundert Euro zu-

sammen kommen. Vielleicht gehören Sie aber auch zu jenen, die sich ohnehin häufig im Ausland aufhalten, vielleicht sogar dort arbeiten und für die das passende Auto rasch gefunden ist, weil der Preis passt und Ihnen eventuelle Ausstattungsunterschiede egal sind. Die paar Anrufe und Termine zwischen Kauf und Zulassung sind für Sie maximal eine lustvolle Herausforderung im ohnehin grauen Alltag, und die Aussicht, inländischen Anbietern und Fiskus gleichermaßen eins ausgewischt zu haben, freut Sie besonders? Dann nur zu.

Aber wo soll man sich nun umschauen? Tendenziell gilt, dass in Ländern mit hohen Kaufsteuern die Fahrzeugpreise selbst eher niedriger sind. Sonst könnten sich die Einwohner ja keine Autos mehr leisten. In Dänemark, mit seinen Kaufsteuern um die 200 Prozent, gehören die Autos daher europaweit zu den billigsten. Aber obwohl gerade die EU das Prinzip des freien Warenverkehrs hoch hält und Käufern aus dem Ausland der Autoerwerb nicht verwehrt werden darf, hört man immer wieder von Ausreden ausländischer Händler, wie etwa jene, dass das Auto schon vorbestellt oder leider so nicht lieferbar sei. Schwierig und für einen einzelnen Konsumenten praktisch unmöglich, den Kauf zu erzwingen. Besser ist es, den Kaufwunsch schon vorher per Internet oder telefonisch abzuklären, als die Reise umsonst gemacht zu haben – auch wenn so ein Ausflug nach Dänemark auch ohne Autokauf seine Reize hat.

Günstiger als in Österreich sind manche Autos in unseren östlichen Nachbarländern, wo auch, zumindest in grenznahen Gebieten, meist weder die Entfernung noch die Sprache ein Problem darstellen. Leider kann keine generelle Aussage darüber getroffen werden, welche Marken oder Modelle in bestimmten Ländern billiger oder teurer sind. Die Europäische Union veröffentlicht aber zwecks Erhöhung der Markttransparenz zwei Mal pro Jahr einen EU-weiten Autopreisvergleich im Internet,[12] der ein erster Anhaltspunkt sein kann, um sich über die Preisgefüge in den einzelnen Ländern zu orientieren. Hat man Wunschmodell und Wunschland gefunden, gilt es noch, die Ausstattung der Modelle zu vergleichen, die auch bei gleicher Modellbezeichnung unterschiedlich sein kann. Nimmt man das Auto, wie es ist, hat man auch schon den Preis für einen Vergleich parat. Möchte man ein Mehr an Ausstattung, muss man entscheiden, ob einem der Mehrpreis das wert ist.

3.1.4. Die vergessenen Kosten: Wertverlust und Finanzierung

Durchschnittlich etwa 20.000 Euro kostet ein Auto netto, plus etwa 30 Prozent an Steuern. Das ist viel Geld, und das muss erst einmal finanziert werden. Schätzungsweise ein Drittel der Autokäufer zahlt bar, ein weiteres Drittel finanziert per Kredit, der Rest der Autokäufe läuft über Leasingverträge. In allen Fällen entstehen Finanzierungskosten, die bei der Autokostenberechnung leicht vergessen werden. Insbesondere die Barzahler meinen, das Geld ohnehin »zu haben«. Aber: Bleibt es auf der Bank, bringt es Zinsen. Daher müssen die entgangenen Zinsen als so genannte Opportunitätskosten in der persönlichen Bilanz in Rechnung gestellt werden. Finanziert man per Kredit oder Leasing, ist die Rechnung einfacher (aber wahrscheinlich teurer), weil die Zinsbelastung bekannt ist. Für welche der beiden Möglichkeiten der Fremdfinanzierung man sich entscheidet, hängt wiederum sehr vom persönlichen und finanziellen Umfeld ab. Beide Varianten haben Vor- und Nachteile. Man sollte sich aber darüber im Klaren sein, dass Leasing nicht die passende Alternative darstellt, wenn man von der eigenen Bank mangels Bonität schon kein Geld mehr bekommt. Seriöse Leasinganbieter prüfen ihre Kunden genauso wie eine Bank, in vielen Fällen ist die Bank selbst der Leasingpartner.

Und auch wenn die Verkaufssituation oft einen anderen Eindruck erweckt – beim Autokauf mit Fremdfinanzierung stehen zwei Entscheidungen, über rechtlich gesehen zwei verschiedene Geschäfte, ins Haus: Erstens jenes des Fahrzeugerwerbs selbst (welches Auto, zu welchem Preis, wo bestellen), und zweitens jenes der Finanzierung. In derselben Reihenfolge sollte man auch bleiben: Der erste Weg führt zum Autohandel. Dort wird das Wunschauto ausgewählt und der Barkaufpreis vereinbart, d.h. der Preis, den man zahlen würde, hätte man das nötige Bargeld in der Tasche. Wer von vornherein sein Interesse für eine Fremdfinanzierung bekundet, verliert in den Preisverhandlungen oft wertvolle Nachlässe. Erst dann sollte ein Kredit- oder Leasingangebot seitens des Händlers erstellt werden (oder des Finanzierungsunternehmens, mit dem er zusammenarbeitet). Beim Kredit ist es entweder ein spezieller Autokredit, bei dem gleichzeitig das Auto selbst die Sicherheit für die Bank darstellt. Oder ein ganz normaler Konsumkredit, bei dem man nicht sagen muss, was gekauft wird, aber dafür andere Sicherheiten verlangt werden. Will man leasen, wird üblicherweise die Variante Restwert-Finanzierungsleasing angeboten. Es sollte darauf geachtet werden, dass das im Leasingantrag vorgesehene Leasingentgelt auf der Grundlage des vereinbarten Barkaufpreises kalkuliert wird. Er gehört zu jenen Kriterien, die im Leasingvertrag sogar ausdrücklich genannt werden müssen. Sobald man den Barkaufpreis kennt, sollten noch weitere Angebote bei anderen Leasinggesellschaften oder Banken eingeholt und miteinander verglichen werden.

Vor- und Nachteile von Leasing/Kredit

Leasing liegt im Vorteil, wenn

- *die monatliche Belastung möglichst gering sein soll, aber das Geld für Anzahlung und Restwert grundsätzlich vorhanden ist beziehungsweise sein wird;*
- *man nach Ende der Laufzeit gleich wieder auf ein neues Auto umsteigen und das aktuelle einfach »zurückgeben« will;*

- *günstige Service- oder Versicherungsangebote genützt werden sollen, die mit dem Leasing in Verbindung stehen;*
- *die kalkulierte Gesamtbelastung günstiger ist und eventuelle Einschränkungen (kein Eigentum am Fahrzeug) durch die Bedingungen nicht als störend empfunden werden;*
- *Wenn man sich einigermaßen sicher ist, dass die Ratenzahlung über die vereinbarte Laufzeit hinweg durchgehalten werden kann. Eine vorzeitige Auflösung von Leasingverträgen ist zwar grundsätzlich möglich, aber zumindest mit Schwierigkeiten und oft auch mit Mehrkosten verbunden.*

Der Kredit liegt im Vorteil, wenn

- *die monatliche Belastung ruhig höher sein darf, weil dafür am Ende der Laufzeit keine Zusatzkosten mehr anfallen;*
- *das sofortige Eigentum am Fahrzeug als wichtig beurteilt wird;*
- *über das Fahrzeug frei verfügt werden soll und man keine Einschränkungen akzeptieren möchte;*
- *die kalkulierte Gesamtbelastung günstiger ist.*

Die Entscheidungsgrundlagen:

- *Wie viel Geld steht jetzt zur Verfügung und wie viel in einigen Jahren? Korrespondieren die vorhandenen Beträge mit den laufenden Raten und eventuell vereinbarten Anfangs- und Schlusszahlungen (Anzahlung, Restwert)?*
- *Wie wichtig ist die Tatsache, dass man im Fall des Leasings nicht Eigentümer des Autos wird, im Fall der Kreditfinanzierung aber (meist) schon – und sind alle mit dieser Tatsache verbundenen Folgen bewusst?*
- *Wie umfangreich und transparent sind die Informationen, die der Anbieter zur Verfügung stellt? Entsprechen diese allen Punkten, über die ich mir vor Abschluss im Klaren sein muss?*

Ein Internet-Zugang ist hilfreich, um sich einen ersten Überblick über die Anbieter zu verschaffen und Kontaktadressen ausfindig zu ma-

chen. Praktisch alle Fahrzeuganbieter und Banken stellen Informationen zur Verfügung, deren Umfang und Qualität jedoch sehr unterschiedlich sind: Sie reichen von allgemeinen Hinweisen nach dem Motto »… wir bieten Ihnen auch eine günstige Leasingfinanzierung an …« bis hin zu wirklich konkreten Angeboten mit umfangreichen Begleitmaterialien. Viele Anbieter haben einen »Internet-Leasingkalkulator« im Netz, mit dem man sich ein wenig Grundinformation verschaffen kann – allerdings nur über die zu erwartenden Kosten, selten über die Geschäftsbedingungen. Der Weg zu den diversen Anbietern bleibt einem also nicht erspart. Je mehr Zeit man in die Vorbereitung investiert, desto sicherer die Entscheidung – die dann im Fall des Leasings, sobald der Vertrag unterschrieben ist, kaum mehr rückgängig gemacht werden kann. Beim Kredit ist das zwar auch nicht einfach, aber im allerhöchsten »Notfall« könnte man das Auto verkaufen und den Kredit mit dem Betrag zumindest zum Großteil zurückzahlen.
Leasing- und Kreditanbieter sind durch den Gesetzgeber verpflichtet, die Gesamtbelastung in einer Summe darzustellen. Sie hat alle Kostenelemente zu enthalten und ist definiert als »Summe von Leistungen, die der Gewerbetreibende im Zusammenhang mit der Kreditgewährung vom Verbraucher verlangt«. Dazu zählen:

- *Die Abzahlung des kreditierten Betrages*
- *Die Kreditkosten (mit Ausnahme von Kosten, die dem Verbraucher durch Nichterfüllung seiner Verpflichtungen erwachsen, Überweisung beziehungsweise Kontoführung der Raten, öffentlicher Abgaben und Zahlungen für Versicherungen oder Sicherheiten)*
- *Eine allfällige Anzahlung*
- *Bei Finanzierungsleasingverträgen insbesondere auch Kreditkosten unter Berücksichtigung sämtlicher Wertbewegungen und Zahlungsströme, wie beispielsweise Vorauszahlungen, Eigen-*

leistungen, Depots, Kautionen, einem allfälligen Restwert der Sache oder Ähnliches.

Erst die Gegenüberstellung von Barkaufpreis und dem Betrag der Gesamtbelastung zeigt deutlich die Kosten der Leasingfinanzierung auf. Beide Beträge müssen im Vertrag angegeben sein. Fehlen sie, was leider vorkommt, sollte man versuchen, sie selbst zu ermitteln: Den Barkaufpreis im Rahmen der Verhandlungen beim Händler (siehe oben), die Gesamtbelastung durch Addition aller leasingbedingten Beträge: Eigenmittel (Anzahlung, Depot, Kaution, etc.) plus Gebühren plus Raten mal Laufzeit in Monaten plus Restwert. Werbesprüche, wie etwa »Null-Prozent-Leasing« allein sagen noch nichts über die Gesamtbelastung aus. Sie sind eben Werbung. So ein Angebot kann, muss aber nicht günstig sein.

Die Allgemeinen Geschäftsbedingungen, das »Kleingedruckte«, sind Bestandteil des Leasingvertrages und regeln sämtliche Rechte und – vor allem! – Pflichten des Leasingnehmers. Leasingunternehmen, welche die Bedingungen vor Vertragsabschluss dem Kunden nicht zur Verfügung stellen wollen, sind daher von vornherein mit Vorsicht zu betrachten. Angesichts der rechtlichen und wirtschaftlichen Komplexität des Leasinggeschäftes ist der durchschnittliche Verbraucher, der nicht über eine finanzmathematische und juristische Vorbildung verfügt, ohnehin einem gewissen Informationsrisiko ausgesetzt. Darum: Zeit lassen, genau durchlesen, eventuell Beratung aufsuchen!

Der Wertverlust

Ebenso gern wie die Finanzierungskosten wird der Wertverlust vergessen. Ein häufig gebrauchtes Vokabel, wenn es um das Thema Auto geht, aber trotzdem für viele Autobesitzer ein unklarer Begriff. Dabei

ist die Sache einfach: Der Wertverlust beginnt an dem Tag, an dem das Auto erstanden wird. Und erst beim Wiederverkauf, meist nach einigen Jahren, kommt das böse Erwachen. Vergleicht man den Anfangswert, der dem Anschaffungspreis entspricht, mit dem wahrscheinlichen Wert des Fahrzeuges am Ende der Haltungsdauer, erhält man den Wertverlust, der mit knapp der Hälfte der Gesamtkosten und durchschnittlich rund 200 Euro pro Monat am schwersten von allen Autokosten auf dem Haushaltsbudget lastet. Theoretisch müsste man diesen Betrag von Anfang an schon jeden Monat ansparen, um am Ende der Haltungsdauer mit der Summe ein neues Auto kaufen zu können. Praktisch macht das fast niemand, weil es sich um Kosten handelt, die man im täglichen Autogebrauch gar nicht bemerkt.
Drei Viertel der Autofahrer reihen den Wertverlust im Autokosten-Ranking erst an vierter Stelle ein.[13] *Falls Sie sicherheitshalber selbst nachrechnen wollen, ein Tipp: Man kann zwar nie genau sagen, wie viel ein Auto in einigen Jahren wert sein wird. Nimmt man aber ein ähnliches Modell und vergleicht den Wertverlauf der vergangenen Jahre, kann man so einen Näherungswert bestimmen. Auskünfte geben die Autofahrerclubs auf Basis der so genannten Eurotax-Listen*[14]*, die monatlich mittels Befragung von Autohändlern die durchschnittlichen Preise im Ein- und Verkauf praktisch aller Modelle ermitteln.*

3.2. Versichern und Anmelden

Der Kaufvertrag liegt auf dem Tisch, der Liefertermin steht fest. Aber Losfahren kann man noch immer nicht – es sind vorher noch einige Ausgaben fällig!

3.2.1. Haftpflichtversicherung

Erst einmal besteht für jedes Kraftfahrzeug, das in Österreich zugelassen werden soll, die Verpflichtung zum Abschluss einer Haftpflichtversicherung. Ausgenommen sind nur die Fahrzeuge der Gebietskörperschaften (der Finanzminister bräuchte theoretisch für sein Dienstauto also keine). »Die Versicherung umfasst die Befriedigung begründeter und die Abwehr unbegründeter Ersatzansprüche, die auf Grund gesetzlicher Haftpflichtbestimmungen gegen den Versicherungsnehmer oder mitversicherte Personen erhoben werden, wenn durch die Verwendung des versicherten Fahrzeuges Personen verletzt oder getötet worden, Sachen beschädigt oder zerstört worden oder abhanden gekommen sind oder ein Vermögensschaden verursacht worden ist, der weder Personen- noch Sachschaden ist (bloßer Vermögensschaden).«[15] Einfacher gesagt: Es geht um Schäden, die mit Ihrem Fahrzeug jemandem anderen zugefügt werden. Nicht um den Schaden am eigenen Auto!

Die gesetzlich vorgeschriebene Mindestversicherungssumme in der Kfz-Haftpflichtversicherung beträgt pauschal sechs Millionen Euro (davon sind jedenfalls Personenschäden bis zu fünf Millionen und Sachschäden bis zu einer Million Euro zu decken). Höhere Versicherungssummen können bei jeder Versicherungsgesellschaft gegen Prämienzuschlag abgeschlossen werden. Einheitliche Vorschriften über die angebotenen höheren Summen und die Prämienzuschläge gibt es seit der Deregulierung (Übergang von gesetzlicher Regelung zum freien Markt) der Kraftfahrzeug-Haftpflichtversicherung nicht mehr. Bei Abschluss höherer als der gesetzlichen Versicherungssummen sind in manchen Fällen auch freiwillige Zusatzleistungen des Versicherers in die Versicherung inkludiert.

Die Versicherungssumme ist als Pauschalbetrag definiert, mit dem Personen-, Sach- und Vermögensschäden gedeckt werden, Vermögensschäden sind allerdings mit 60.000 Euro innerhalb der Pauschalversicherungssumme begrenzt. Übersteigt die Schadensumme die jeweils abgeschlossene Versicherungssumme, so hat der haftende Lenker selbst für die Differenz aufzukommen. Böses Beispiel: Durch eine Verkettung unglücklicher Zufälle kommt ein vollbesetzter Autobus durch Ihre Schuld von der Straße ab. Es gibt viele zum Teil Schwerverletzte, die in Krankenhäusern behandelt werden müssen und am Arbeitsplatz monatelang ausfallen. Alle stellen Schadenersatzansprüche an Sie als Verursacher! Von anderen dramatischen Fällen, Stichwort Tunnelbrand, gar nicht erst zu reden. Obwohl Schäden, die über die gesetzliche Versicherungssumme hinausgehen, in Österreich selten sind, empfiehlt sich zur Abdeckung dieses Risikos der Abschluss einer freiwillig auf 10 oder 15 Millionen Euro erhöhten Versicherungssumme.

In den Jahren seit der so genannten Deregulierung der Kfz-Haftpflichtversicherung in Österreich 1994 ist der Markt für die Konsumenten sehr unüberschaubar geworden. Gab es davor fixe Prämien je nach Autokategorie (abhängig ausschließlich von der Motorleistung), die sogar streng in einer Verordnung des Finanzministers festgehalten worden sind, so sind heute unzählige Angebote auf dem Markt. Marke, Type, Modell, Gewicht, Hubraum, Motorleistung, Antriebsart, Sitzplätze, ja sogar die Autofarbe können genauso wie Geschlecht, Wohnort oder Beruf des Autobesitzers, Jahresfahrleistung und natürlich die Anzahl der bereits unfallfrei gefahrenen Jahre (»Bonus-Malus-System«) zu unterschiedlichen Prämien führen. Diese kurze Aufzählung erhebt gar nicht den Anspruch auf Vollständigkeit – sie soll nur zeigen, wie schwierig es mittlerweile ist, die individuell günstigste Prämie für sich zu finden. Viele Zusatzangebote locken, so dass man am Ende gar nicht mehr weiß, ob sich die Prämie für die Deckung bestimmter Zusatzrisiken überhaupt lohnt. Wer benötigt schon einen speziellen Schutz für ganz bestimmte Situationen, in die er ohnehin nie geraten wird?

Und obwohl das neue Auto schon abholbereit beim Händler steht, muss man sich wohl oder übel die Zeit nehmen und die Angebote studieren. Einen ersten Anhaltspunkt bieten oft Vergleichsprogramme, die nach Eingabe der Kriterien eine Liste von Prämien verschiedener Versicherungsgesellschaften »ausspucken«. Angeboten werden sie von Konsumentenschutzorganisationen (in Österreich zum Beispiel vom Verein für Konsumenteninformation[16]) oder auch von Versicherungsmaklern. Hat man sich einen ersten Überblick verschafft, gilt es nun, ins Detail zu gehen und die Bedingungen und Tarifbestimmungen zu studieren. Besonders Fahranfänger müssen aufpassen, welche Prämienzuschläge und/oder sonstigen Einschränkungen drohen, sollten sie einen Unfall verursachen. Und manchen Rabatten, die natürlich für die Ermittlung der »günstigen« Prämie einberechnet werden, stehen im Schadensfall kräftige Zuzahlungen gegenüber. Ein Trost: Hat man zum »falschen« Angebot gegriffen, kann man nach einem Jahr relativ problemlos zu einem anderen Anbieter wechseln.

Im Alltag geht es aber häufig gar nicht so theoretisch zu. Viele Autokäufer übertragen die Versicherung von ihrem alten Auto gleich auf das neue. Meist steht ein hilfsbereiter Versicherungsvertreter bereit, vom Autohaus vermittelt, oder vielleicht sogar ohnehin schon ein alter Bekannter, der Haus und Hof, Leben und Sterben, Auto und Gerätschaften aller Art schon bisher für Sie versichert hat. Das ist bequem für beide Partner und hat Vor-, aber auch Nachteile. Der Vorteil für den Kunden: Nicht nur, dass man jederzeit einen Ansprechpartner für alle Versicherungsfragen zur Hand hat, sondern es ergeben sich auch gute Möglichkeiten für die Preisverhandlungen um die Prämie. Stammkunden, die insgesamt in mehreren Sparten hohe Prämienbeträge zahlen und im Idealfall kaum Leistungen beanspruchen, haben gute Chancen auf Extra-Rabatte. Der Nachteil der engen Beziehungen: Viele Konsumenten verlassen sich auf die Richtigkeit der angebotenen Prämie und scheuen sich, nach weiteren Vergünstigungen zu fragen. Es schadet daher keinesfalls, auch

bei Bestehen langjähriger guter Geschäftsbeziehungen vor einem weiteren Abschluss einige Informationen über andere Anbieter einzuholen: Der Hinweis, dass der Mitbewerber eine niedrigere Prämie anbietet, kann überzeugend wirken. Denn schließlich summieren sich eingeräumte Rabatte über die Jahre und ergeben damit ein schönes Sparpotenzial.
Besitzt man mehrere Fahrzeuge, die nie gleichzeitig benützt werden, kann man bis zu drei aus der gleichen Gruppe (drei Autos, drei Motorräder, etc.) auf ein Wechselkennzeichen anmelden. Versicherung und motorbezogene Versicherungssteuer zahlt man in der Folge nur einmal, und zwar den jeweils höchsten Betrag. Leider gilt das nicht für die Mautvignette, diese braucht man für jedes Fahrzeug separat.
Mit dem Abschluss einer Haftpflichtversicherung haben wir nun die erste Voraussetzung geschaffen, damit das Auto angemeldet werden kann. Die Formalitäten erledigt ebenfalls der Versicherungsbetreuer bei einer der vielen Zulassungsstellen, die im Zuge der Privatisierung der Autozulassung von den Versicherern eingerichtet worden sind. Nun heißt es erneut zahlen: ungefähr 170 Euro kostet der gesamte Vorgang, inkludiert sind die Kennzeichentafeln und die Prüfplakette. Beinahe zwei Drittel des Gesamtbetrages kassiert dabei weiterhin der Staat unter dem Namen Zulassungsgebühr und das, obwohl er alle Tätigkeiten im Zusammenhang mit der Autozulassung an die Privatwirtschaft abgegeben hat!

3.2.2. Kaskoversicherung

Während bei der Haftpflichtversicherung die Betonung auf der Pflicht liegt – wir erinnern uns: damit soll sichergestellt werden, dass Schäden gedeckt sind, die einem Dritten durch das Lenken des eigenen Fahrzeuges zugefügt werden – gibt es nun noch die Möglichkeit, freiwillig zusätzliche Versicherungen für das neue Vehikel abzuschließen.

Der erste Gedanke geht, vor allem wenn es sich um ein neues Auto handelt, in Richtung einer Kaskoversicherung. Man unterscheidet dabei zwischen Kollisionskasko und Elementarkasko, im allgemeinen Sprachgebrauch noch immer Vollkasko und Teilkasko genannt. Der grundlegende Unterschied: Die Vollkaskoversicherung deckt zusätzlich zu den anderen Kaskorisiken (z.B. Diebstahl, Brand, Wildunfälle, etc.) auch den selbst verschuldeten Unfallschaden am eigenen Fahrzeug.
Üblich ist die Prämienberechnung auf Basis des Neufahrzeugpreises bzw. Listenpreises, eventuell mit Rabattabschlägen für die Folgejahre, wenn das Fahrzeug nicht mehr so viel wert ist wie zu Beginn. Da man im Schadensfall nur den Zeitwert ersetzt erhält, ist eine Kaskoversicherung nur in den ersten Jahren sinnvoll. Als Faustregel kann gelten: Zwei bis drei Jahre Vollkasko, anschließend zwei bis drei Jahre Teilkasko. Seltener werden so genannte Zeitwertkaskoversicherungen angeboten. Die Prämie richtet sich dabei nach dem aktuellen Zeitwert und zahlt sich daher in manchen Fällen auch für ältere Baujahre aus.
Die Entscheidung für eine bestimmte Kaskovariante, von denen für gängige Pkw unzählige am Versicherungsmarkt angeboten werden, könnte sich nach folgenden Auswahlkriterien richten:

- Fahrzeugalter: *Nach etwa vier bis sechs Jahren (erst Voll-, dann Teilkasko) übersteigt die Prämie oft schon den Fahrzeugwert, die Versicherung zahlt sich nicht mehr aus. Besser ist es dann, das ersparte Geld für den Fall eines Finanzierungsbedarfes (Reparatur, Totalschaden, Neukauf) auf ein Sparbuch zu legen. Zu beachten ist, in welcher Höhe etwaige Rabatte für ältere Baujahre angeboten werden. Im Gegensatz zur Haftpflichtversicherung werden Kaskoprämien während der Laufzeit nicht erhöht, da ja ohnehin der Fahrzeugwert und damit die Leistung im Falle eines Totalschadens oder Diebstahls bei gleichbleibender Prämie sinken.*

- Deckungsumfang: *Die Grunddeckungen (beispielsweise Diebstahl, Brand, Wildunfall; bei Kollisionskasko auch der eigene Unfallschaden) sind praktisch in allen Angeboten enthalten. Darüber hinaus werden häufig Zusatzdeckungen angeboten. Die Entscheidung, inwieweit man auf diese Wert legt, wird eine eher individuelle sein. So wird zum Beispiel für den Landbewohner mit eigenem Haus und Garage die Parkschadendeckung weniger wichtig sein als für den Stadtbewohner, der sein Fahrzeug auf der Straße parkt.*
- Selbstbehalt: *Je höher der Selbstbehalt, umso niedriger die Prämie, und umgekehrt. Ein hoher Selbstbehalt wird dann akzeptabel erscheinen, wenn man vor allem die Grunddeckung abgesichert haben möchte (zum Beispiel Totalschaden bei einem neuen Auto). Übersteigt jedoch der Selbstbehalt die übliche Schadenssumme einer an sich gedeckten Leistung (Beispiel: Kleingläser), sollte man sich keine Illusionen über diese Deckung machen. Ein Selbstbehalt kann als Fixbetrag oder in Prozent der Schadenssumme angegeben sein.*
- Rabatte: *Es gibt auch in der Kaskoversicherung eine Vielzahl von Rabattmöglichkeiten. Zum Beispiel wenden einige Versicherungsanbieter den Bonus aus der Haftpflichtversicherung auch für die Berechnung der Kaskoprämie an. Das ist für Fahrer in guten Bonusstufen besonders attraktiv.*

Die Angebote sind vielfältig, die Entscheidung schwer. Vielleicht springt unser freundlicher Haus-Versicherungsvertreter wieder hilfreich ein: Kraftfahrzeug-Haftpflichtversicherung und Kaskoversicherung sind zwar verschiedene Sparten, die theoretisch auch bei zwei verschiedenen Versicherern abgeschlossen werden können. De facto werden die Verträge heute oft gekoppelt, zum Beispiel mit der oben erwähnten Anwendung der Bonusstufe bei Abschluss. Der weitere Verlauf erfolgt schließlich unabhängig voneinander, ein Schadensfall in der Kraftfahrzeug-Haftpflichtversicherung hat meist keinen Einfluss auf die Höhe der Kaskoprämie und umgekehrt. Gekoppelte Angebote in dieser Form sind häufig auf dem Markt zu finden, und ergeben wiederum ein Sparpotenzial bei den ungeliebten notwendigen Versicherungsprämien.

3.2.3. Noch mehr Versicherungen

Der Versicherungsschutz der Insassenunfallversicherung gilt für den berechtigten Lenker und die berechtigten Insassen. Obwohl die Insassen eines Autos im Fall des Falles durch die Haftpflichtversicherung abgesichert sind, hat eine zusätzliche Versicherung Vorteile: Sie zahlt unabhängig von der Verschuldensfrage und sie umfasst auch den Lenker, der von der Leistung aus seiner Haftpflichtversicherung ausgenommen ist (weil er ja keine Ansprüche an sich selbst stellen kann). Unabhängigkeit von der Verschuldensfrage bedeutet, dass man die oft langwierige Feststellung des Verschuldens nicht abwarten muss, um die Leistung zu beanspruchen. Außerdem werden die Leistungen zusätzlich zu anderen Schadenssummen ausbezahlt. Wie bei allen Versicherungen können verschiedene Deckungsumfänge auf den individuellen Bedarf abgestimmt abgeschlossen werden.[17]
Eine Rechtsschutzversicherung mindert das Risiko, bei der Durchsetzung des eigenen Rechts auf hohen Anwalts- und Gerichtskosten sitzen zu bleiben, beziehungsweise es wegen des Risikos dieser Kosten erst gar nicht zu versuchen. Die Fahrzeug-Rechtsschutzversicherung übernimmt die Kosten für die Geltendmachung von Schadenersatzansprüchen, wenn das eigene Fahrzeug beschädigt oder die Insassen verletzt wurden. Der Fahrzeug-Vertrags-Rechtsschutz hingegen bezieht sich auf Verträge, die das versicherte Fahrzeug betreffen, wie zum Beispiel wegen einer Reparatur, eines Kauf- oder Leasingvertrages.[18]

Für beide Versicherungen gelten sinngemäß die bereits zu Haftpflicht- und Kaskoversicherung ausgeführten Empfehlungen: Prämien und Inhalte genau vergleichen und gut überlegen, was man wirklich braucht. Hier nochmals alle Tipps zum Versicherungsprämiensparen als Checklist:

- *Vor Abschluss eines Versicherungsvertrages mehrere Angebote vergleichen, nicht das erstbeste Angebot annehmen.*
- *Vor dem Erstgespräch mit dem Anbieter abschätzen, welches »Risiko« man selbst aus Sicht des Versicherers darstellt. Je geringer das Risiko, umso geringer die Kosten.*
- *Eine Haftpflichtversicherung muss man abschließen, sonst wird das Auto gar nicht zugelassen. Die Prämien richten sich nach unzähligen Kriterien betreffend Fahrzeug und Halter, sowie nach der Deckungssumme und eventuellen Zusatzleistungen. Die Angebote kann man den »Unternehmenstarifen« (also den Preislisten der Versicherer) entnehmen, weitere individuelle Vereinbarungen sind möglich.*
- *Achtung bei Selbstbehalten: Selbstbehalte (auch »Schadenersatzbeiträge«) können entweder fix mit dem Vertrag oder in Zusammenhang mit gewährten Prämienrabatten verbunden sein. Allen gemeinsam ist, dass sie im Schadensfall unter bestimmten Umständen zu einer Sonderzahlung führen. Daher vorher überlegen, inwieweit einen ein solcher Schadenersatzbeitrag treffen könnte und ob sich das in Relation zur günstigeren Prämie auszahlt.*
- *Kasko-, Insassen- und Rechtsschutzversicherung sind im Gegensatz zur Haftpflicht freiwillig. Oft wird aber die Gesamtprämie günstiger, wenn man sie im »Paket« mit der Haftpflichtversicherung zusammen abschließt. Auch wenn man bereits in anderen Sparten (Haushalts-, Lebensversicherung etc.) als langjähriger guter Kunde bekannt ist, kann das bei den Prämienverhandlungen vorteilhaft sein.*

- *Haftpflichtversicherungen können grundsätzlich nach einem Jahr gekündigt werden. Bei anderen Sparten ist der Ausstieg nicht so einfach, obwohl eine jüngere Regelung einen solchen nun auch bei Zehnjahresverträgen schon nach drei Jahren erlaubt. Man sollte, wenn man sich nicht zu lang binden will, besser schon von vornherein darauf achten, dass die Versicherungen nur auf einen bestimmten Zeitraum abgeschlossen werden. Verlängern kann man immer noch. Oft gibt es aber auch spezielle Rabatte dafür, wenn man sich länger als ein Jahr bindet.*
- *Motorbezogene Versicherungssteuer: Diese wird zusammen mit der Haftpflichtprämie vom Versicherer eingehoben und richtet sich daher nach deren Zahlungsweise. Oft bieten Versicherer an, die Prämie monatlich vom Konto abzubuchen, aber auf den üblichen Zuschlag zu verzichten. Die motorbezogene Versicherungssteuer wird dann aber auch monatlich verrechnet, was im Vergleich zur Jahressteuer einen Zuschlag von zehn Prozent bedeutet. Daher gilt auch in Bezug auf die Steuer: Vorher gut überlegen, welche Variante man selbst bevorzugt.*

3.3. Motorbezogene Versicherungssteuer

Dabei handelt es sich um die Kraftfahrzeugsteuer, also jene Abgabe, die man zahlen muss, damit man sich mit dem Auto überhaupt im österreichischen Straßennetz aufhalten darf. Fährt man nicht, zahlt man aber trotzdem! Praktisch für den Fiskus, dass sie von den Haftpflichtversicherern gleich mitsamt der Versicherungsprämie eingehoben wird. Auch die zahlt man schließlich nicht fürs Fahren, sondern schon allein dafür, dass ein Auto zugelassen ist und jemand damit fahren könnte.

Historisch gesehen war die Idee hinter der Kraftfahrzeugsteuer, dass damit die Straßenbenutzer dem jeweiligen Staat – diese Art der Steuer gibt es praktisch überall – die von ihm für den Verkehr zur Verfügung gestellte Straßeninfrastruktur abgelten. Schon damals ein kleiner Denkfehler: Denn zu Zeiten der Einnahmen-Zweckbindung (bis 1987) war ja schon die Mineralölsteuer für die Finanzierung von Bau und Erhaltung der Strecken reserviert. Für das »Zur Verfügung stellen« muss man aber noch extra bezahlen. Über viele Jahre war die Kraftfahrzeugsteuer abhängig von der Hubraumklasse des Autos zu bezahlen. Und manche erinnern sich vielleicht sogar noch an die heute seltsam antiquiert anmutende Einhebungsmethode. In Trafiken mussten so genannte Stempelmarken im Wert der monatlichen Steuer gekauft und dann in ein kleines Heftchen – die Kfz-Steuerkarte – eingeklebt werden. Die Karte war zusammen mit den anderen Fahrzeugpapieren aufzubewahren und für Kontrollzwecke mitzuführen.

1993 wurde eine umfassende Kfz-Steuerreform umgesetzt. Sie betraf einmal den Steuertarif, der seither auf Basis der Motorleistung errechnet wird, wobei jedes einzelne Kilowatt zählt. Und sie wird von den Haftpflichtversicherern zusammen mit der Prämie eingehoben und von diesen an den Fiskus abgeliefert. Zahlungsweise von Prämie und Steuer wurde ebenfalls gekoppelt. Für beide gilt grundsätzlich die jährliche Zahlungsweise – natürlich im Voraus. Möchte man die Summe lieber in Teilbeträgen abstottern, wobei die Varianten halbjährlich, vierteljährlich und monatlich vorgesehen sind, gibt es Zuschläge. Seit der Reform lautet die korrekte Bezeichnung der Steuer »Motorbezogene Versicherungssteuer«. Ihrem Charakter nach ist sie nach wie vor die Kraftfahrzeugsteuer, und für andere Fahrzeuge als Pkw und Motorräder heißt sie auch weiterhin so.

Mitte des Jahres 2000 wurden die Steuertarife um mehr als 50 Prozent kräftig erhöht. Optisch wurde diese Erhöhung recht gut in der Währungsumstellung von Schilling auf Euro versteckt. Für viele Autofahrer haben die neuen Steuerbeträge schließlich gar nicht so dramatisch ausgesehen, wie sie tatsächlich waren. Mehr als 1,4 Milliarden Euro zahlen die Autofahrer an Motorbezogener Versicherungssteuer pro Jahr in das allgemeine österreichische Bundesbudget ein. Die Rechenformel heute (Stand 2008): Die ersten 24 Kilowatt sind steuerfrei, man zieht sie also vorerst von der Motorleistung in kW ab. Um zur Jahressteuerschuld zu gelangen, wird nun die verbleibende Zahl mit dem Steuersatz multipliziert, der wiederum von der Zahlungsweise abhängt. Das Ergebnis dieser Rechnung ist der Steuerbetrag pro Monat, der zur Ermittlung der Jahressteuer noch mit zwölf multipliziert werden muss:

Jährlich:	kW (-24) x 0,550 €
Halbjährlich:	kW (-24) x 0,583 €
Vierteljährlich:	kW (-24) x 0,594 €
Monatlich:	kW (-24) x 0,605 €

(jeweils + 20% Zuschlag für Benzin-Pkw/Kombi ohne Katalysator, mit Erstzulassung in Österreich vor dem 1.1.1987).

Für ein Auto mit einer Motorleistung von 66 kW ergibt das pro Jahr satte 277,20 Euro und das bei der günstigsten Form der Jahreszahlung. Schon zehn kW mehr führen zu 343,20 Euro an Jahressteuerleistung und damit rund 66 Euro mehr, bei monatlicher Zahlungsweise wird es nochmals um zehn Prozent teurer. Umgekehrt lässt sich durch die Wahl eines leistungsschwächeren Modells gleich sehr viel Geld sparen: mit 55 kW zahlt man nur mehr 204,60 Euro.
Eine Kraftfahrzeugsteuer mit derselben Philosophie dahinter – nämlich für das Bereitstellen der Infrastruktur zahlen zu müssen – gibt es in praktisch allen Ländern. Freundlicherweise müssen wir sie aber nicht zusätzlich in jedem Land zahlen, das wir bereisen (wie etwa die Mauten). Gegenseitigkeitsabkommen sorgen dafür. Die Ausgestaltung der Steuer selbst wird in jedem Land unterschiedlich gehandhabt. In Deutschland etwa werden so viele Kriterien miteinbezogen, dass allein für die Erläuterung der Steuerberechnung eine eigene Broschüre produziert werden musste. Benzin oder Diesel, Erstzulassungszeit-

punkt und Euro-Klasse, Partikelfilter und CO_2-Ausstoß prägen die Formel. Die CO_2-Emissionen sind auch in Großbritannien seit kurzem das wichtigste Kriterium der Kfz-Steuerberechnung, zusätzlich wird noch nach Privat- und Dienstfahrzeugen sowie ebenfalls nach Antriebsart unterschieden. Alles das sind interessante Aspekte, vor allem im Hinblick auf die Diskussionen über mehr Umweltgedanken in der Steuerpolitik. Sie haben aber einen Schönheitsfehler: Sie beziehen sich auf Emissionen und die entstehen nur beim Fahren. Die Kraftfahrzeugsteuer zahlt man aber zugleich für den Stillstand, bevor auch nur einmal der Zündschlüssel umgedreht worden ist!

Wie lang wir mit der Kraftfahrzeugsteuer in dieser Form noch weiter leben müssen oder, je nach Blickwinkel, dürfen, ist im Moment unklar. Einerseits wünscht sich ein Richtlinienvorschlag der EU, der allerdings noch nicht beschlossen wurde (und selbst dann dauert es üblicherweise noch einige Jahre bis zur nationalen Umsetzung), Neugestaltungen mit einem eigenen CO_2- Element in der Berechnung der Kraftfahrzeugsteuern in allen Mitgliedsländern. Andererseits ist gerade diese Steuer eine streng nationale Abgabe, in die sich die EU nicht einmischt, und wenn, dann höchstens mit Empfehlungen. Und CO_2-Abgaben haben wir mittlerweile genügend. Zum Beispiel ganz perfekt realisiert in der Mineralölsteuer »Wer mehr fährt und damit mehr CO_2 emittiert, zahlt mehr«. Und in der verbrauchsabhängigen NoVA mit einer noch schärferen Betonung des Umweltaspekts seit Mitte 2008.

Den überwiegenden Teil der Gesamtausgaben für unser Auto haben wir nun bereits abgeliefert, nur um es erst einmal besitzen zu dürfen: Durchschnittlich 20.000 Euro dem Autohändler, der ungefähr weitere 6.000 Euro noch zusätzlich von uns eingehoben und dem Staat weiterleitet hat. Einige hundert Euro für Versicherung und Steuer, und sogar noch davon einen Extra-Hunderter für die Bürokratie, die nicht viel dafür geleistet hat. Nun soll endlich gefahren werden – und mit der ersten Tankstelle steht auch schon der nächste Ärger vor der Tür.

4.

Der Spritpreis-Wahnsinn

Ein weit verbreitetes Vorurteil nach dem Motto »Früher war alles besser, sogar der Sprit war billiger«? Oder einfach nur Ausdruck eines – nämlich bei jedem Tankstopp – immer wiederkehrenden Ärgernisses? Oder wirklich viel zu teuer?
In der beinahe schon alltäglichen Debatte, die in den Medien genau so heftig geführt wird wie im privaten Umfeld, liegen die Argumentationsketten schief. Zwei Drittel der Autofahrer schätzen ihr eigenes Wissen über die Autokosten ganz allgemein als hoch oder sogar sehr hoch ein. Bei den Kraftstoffpreisen sind sogar 90 Prozent davon überzeugt, über die Kosten gut und ausreichend Bescheid zu wissen. Da werden Erklärungen gesucht, Prognosen gewagt, eigene Theorien zusammengestellt.
Wie so oft kann aber auch beim Thema Sprit nicht jedes Faktum und jede Vermutung in die Kategorien Schwarz und Weiß eingeordnet werden. Im Folgenden soll nun versucht werden, alle Aspekte zu beleuchten. Denn mit fundiertem Hintergrundwissen lässt sich besser kritisieren.

4.1. Der Ölpreis

Auch wenn manchmal der Ölpreis als Hauptargument für die Preisgestaltung an der Tankstelle gern weggeredet wird, ist und bleibt er doch das Zentrum jeder Diskussion. Rohöl ist de facto der einzige Grundstoff für die Erzeugung aller Derivate. Ohne Öl kein Benzin, ohne Öl kein Diesel. Zumindest nicht jene Sorten, die wir als herkömmlichen, das heißt fossilen Kraftstoff kennen. Rein agrarische Produkte wie Bioethanol oder Biodiesel werden allerdings umgangssprachlich auch als »Benzin« und »Diesel« bezeichnet – darauf wollen wir in einem späteren Kapitel noch genauer eingehen. In diesem Kapitel, in dem es um das Öl geht, bleiben wir bei der fossilen Variante.

Vor allem die Anbieter, also die Mineralölfirmen, finden immer wieder neue Einflussgrößen, die je nach Situation angeblich mehr Gewicht für die Preisbildung als der Ölpreis selbst haben. Und zwar vor allem immer dann, wenn die Ölpreise sinken, die Spritpreise an der Tankstelle aber trotzdem hoch bleiben. Als Richtwert für Österreich gilt derzeit, dass Veränderungen des Ölpreises einen Einfluss von rund zehn Prozent auf Veränderungen des Spritpreises an der Zapfsäule haben. Diese Zahl soll aber nur eine Vorstellung über die Größenordnung vermitteln, denn sie ändert sich häufig je nach Preis- und Steuersituation, und sie ist, so wie vieles andere rund um das Spritpreisthema auch, ständig zu hinterfragen.

Etwa in der Mitte des 19. Jahrhunderts wurde das Öl entdeckt. Vorerst als unerwartetes »Mitbringsel« aus der Erde, als nach Wasser gebohrt wurde. Bald aber wurde es gezielt eingesetzt. Das erste Destillat war Petroleum, das zunächst als Brennstoff für Beleuchtungskörper verwendet wurde. Erdöl ist ein in der Erdkruste eingelagertes organisches Stoffgemisch, das hauptsächlich aus Kohlenwasserstoffen besteht. Farbe, Konsistenz und der wegen seiner Schwefelverbindungen charakteristische Geruch können je nach geografischer Herkunft ganz unterschiedlich sein, von transparent und dünnflüssig bis tiefschwarz und dickflüssig, von eher angenehm bis extrem unangenehm riechend. Von der Qualität hängen letztendlich auch die Verarbeitungsintensität und damit die Kosten ab. Generell gilt: Gute Qualität ist teurer, dafür in der Verarbeitung einfacher, schlechtere Qualität ist billiger im Einkauf, verursacht aber höhere Verarbeitungskosten. Was in der Pionierzeit des Erdöls keine Rolle spielte. Mit dem steigenden Umweltbewusstsein ab den 1980er Jahren wird die Qualität aber zunehmend wichtiger. Man denke etwa an bleifreie und schwefelfreie Kraftstoffe.

Über die Entstehung des Erdöls gibt es eine gängige Theorie. Demnach handelt es sich um Meeresorganismen, die einst abstarben, auf den Meeresboden sanken und dort von Sedimenten eingeschlossen wurden. Unter hohem Druck und hohen Temperaturen wandelte sich das Material schließlich während Millionen von Jahren in eine organische, überwiegend aus Kohlenstoff und Wasserstoff bestehende Substanz um. Eine plausible Annahme, die aber gleichzeitig impliziert, dass die Erdölvorräte irgendwann einmal zu Ende gehen, da zwar weiterhin eine langsame Neubildung stattfindet, die jedoch im Vergleich zum Verbrauch unbedeutend ist. Eine andere, eher unübliche Theorie geht hingegen davon aus, dass die Kohlenwasserstoffe immer schon in sehr großen Mengen in der Erde vorhanden waren und ihr Ende nicht absehbar ist.

Das alles hat zwar mit unserem Alltagsleben auf den ersten Blick nicht allzu viel zu tun. Allerdings ist Erdöl bereits der wichtigste Rohstoff in den modernen Industriegesellschaften geworden. Nicht nur als Kraftstoff, zum Heizen und für die Erzeugung von Strom, sondern auch als Grundstoff in der chemischen Industrie, für die Herstellung von Kunststoffen und vielen anderen Produkten. Aus den verschiedensten Erwägungen ist es daher auf jeden Fall gut und richtig, sparsam mit dem Erdöl umzugehen. Man muss aber deshalb nicht gleich auf jeden Versuch von Panikmache hereinfallen, der uns weismachen will, dass wir ohnehin nur mehr für ein paar Jahre über Öl verfügen können. Allein die bestätigten Ölreserven der Welt reichen nach heutigem Verbrauch noch rund 45 Jahre. Dazu kommen laufend Meldungen über neue oder zumindest vermutete Fundorte. Die Hauptfrage wird nicht sein, ob es Öl gibt, sondern unter welchen Voraussetzungen und zu welchem Preis wir es für uns nutzen können oder wollen. Als interessierter Konsument sollte man sich stets über die Tatsache klar sein, dass es in der Erdölbranche um Macht, Märkte, wirtschaftlichen aber auch politischen Einfluss von riesigen Interessensgruppen geht, die auch scheinbar objektive Informationen leicht in die eine oder andere Richtung lenken können.

4.1.1. Wo das Öl herkommt

Die unglaublichen vier Milliarden Tonnen Öl, die wir jährlich weltweit verbrauchen, werden in folgenden Regionen produziert:

Mittlerer Osten	30,7%
Ehemalige Sowjetunion	14,3%
Afrika	11,4%
Asien und Pazifik	9,8%
Süd- und Zentralamerika	8,8%
Europa	7,7%
Nordamerika	7,3%

Auch in Österreich gibt es Erdöl. Vorwiegend im Bundesland Niederösterreich wird pro Jahr nur knapp weniger als eine Million Tonnen aus der Erde befördert. Eine beeindruckende Zahl, die sogleich stark relativiert wird, stellt man sie den jährlichen Erdölimporten gegenüber: Diese betragen rund acht Millionen Tonnen. Die wichtigsten Lieferländer (mit jeweils mehr als einer Million Tonnen) sind Kasachstan, Russland, Nigeria und Libyen. Bedeutende Mengen werden auch aus Saudi-Arabien, Syrien, Iran, Algerien, Aserbaidschan, Tunesien und dem Irak importiert[19].
Die Länder, in denen das meiste Erdöl verbraucht wird, sind in der Regel nicht dieselben wie jene, die viel Öl produzieren, denn dann wäre der weltweite Austausch nicht so kompliziert. Der bekannten

Tatsache, dass die USA mit knapp einer Milliarde Tonnen den weltweit größten jährlichen Ölbedarf haben, steht erstaunlicherweise China mit rund 350 Millionen Tonnen auf Platz zwei gegenüber. Auf den weiteren Plätzen finden sich Japan, Russland, Deutschland und Indien. Dabei kam es in den letzten zehn Jahren zu heftigen Verschiebungen, die letztendlich auch den Ursachen der aktuellen Ölpreiskrise anzurechnen sind. Während die Industrieländer beim Ölverbrauch einsparen (OECD-Länder minus ein Prozent), erhöht sich die Nachfrage aus China und den Ländern der ehemaligen Sowjetunion permanent (Nicht-OECD plus 3,7 Prozent).

Mehr als 40 Prozent des weltweiten Ölangebots kommen aus den Ländern, die sich unter dem Namen OPEC (»Organization of the Petroleum Exporting Countries«) zusammengetan haben. Die OPEC wurde 1960 gegründet, um die Interessen der Ölpolitik ihrer Mitgliedsländer zu bündeln. Bekanntestes Beispiel ist die Absprache bezüglich Förderquoten, nicht zuletzt um auch eine gewisse Preisstabilität zu erreichen und/oder zu erhalten. Zu den Gründungsmitgliedern Iran, Irak, Kuwait, Saudi-Arabien und Venezuela kamen im Lauf der Zeit Qatar, Indonesien, Libyen, die Vereinigten Arabischen Emirate, Algerien, Nigeria, Ecuador und Angola, sowie einige Jahre lang Gabun, als Mitgliedsstaaten hinzu. Seit 1965 hat die OPEC ihren Sitz in Wien.

Öl im Korb?

Rohöl wird ununterbrochen auf der ganzen Welt gehandelt. Verschiedene Länder kaufen Öl in anderen Ländern quer über den Erdball. Zusätzlich werden täglich große Mengen so genannten »paper-oils« emsig erworben und verkauft. Das ist Öl, das in Wirklichkeit gar nicht existiert, sondern eben, wie der Name schon sagt, nur auf dem Papier. Wie das funktionieren kann? Öl wird nicht wie im Geschäft ge-

kauft – hier Geld, hier ein Fässchen Öl. Übrigens, weil es an dieser Stelle gerade passt: Mit einem »Fass« Rohöl ist immer die Menge von 159 Litern gemeint. Gehandelt werden meist Optionen auf künftige Preise. Zum Beispiel: »Ich kaufe ein Fass x-Öl für heute in einem Jahr zu einem Preis von y«. Innerhalb dieses Jahres wird diese Option aber mehrere Male weiterverkauft. Der Preis ändert sich dabei in Abhängigkeit von den Erwartungen der Marktteilnehmer ständig. Am Ende, wenn es das besagte »Fass x« dann wirklich real am Markt gibt, ist es in der Zwischenzeit bereits als »Papier« durch viele Hände gegangen. Weil es nun ständig verschiedene Preise für verschiedene Sorten gibt, musste, als Richtschnur, eine Art »Leitöl« her. Dazu wurde der OPEC-Korbpreis erfunden. Er wird aus einem gewichteten Mittelwert der Öle der OPEC-Mitgliedsstaaten berechnet und täglich, wöchentlich, monatlich und als Jahreswert veröffentlicht. Wenn also in den Medien berichtet wird: »... ist der OPEC-Korbpreis seit gestern um einen Dollar gesunken ...«, dann handelt es sich um den gewichteten Mittelwert aller OPEC-Öle und somit um einen Indikator. Der Ausdruck »Korb« ist im Sinne eines Warenkorbes zu verstehen, in den jeder Anbieter seinen Anteil einbringt.

Ein anderes Leitöl ist »Brent«. Brentöl ist die wichtigste europäische Sorte und stammt aus der Nordsee. Es ist ein leichtes, schwefelarmes Öl und daher relativ einfach zu verarbeiten. Der Preis für Brent wird, ähnlich wie der OPEC-Korbpreis oder auch WTI (»West Texas Intermediate«, ein amerikanisches Öl), immer wieder als Referenzpreis angegeben. Die Öle unterscheiden sich zwar im Preis pro Barrel, die Preistendenz wird aber bei allen erkennbar. Steigt der Preis von Brent tendenziell an, so steigt auch der Preis der OPEC-Öle, jener von WTI und auch aller anderen Ölsorten. In den Medien liest und hört man oft nur lapidar, der »Ölpreis« sei gestiegen oder hätte eine Rekordmarke erreicht oder sogar durchbrochen. Es scheint daher für den Laien wenig sinnvoll, die Preise täglich exakt und womöglich nach der zweiten Stelle hinter dem Komma zu vergleichen und den Spritpreisen an der Zapfsäule gegenüberzustellen. Wichtig ist hingegen der Trend. Alle Sorten haben in den letzten Jahren preislich extrem zugelegt.

4.1.2. Ölpreis und Dollar

Die Entwicklung der Ölpreise unterliegt vielen Einflussfaktoren. Das Bild, das manche da rasch vor Augen haben, nämlich dass die »Ölscheichs« zusammen sitzen und einen Preis x pro Fass beschließen, von dem dann die ganze Welt abhängig ist (und sich danach zufrieden die Hände reiben), ist natürlich Unsinn. Ein ganzes Paket von unterschiedlichen, manchmal auch gleichen, Interessen der Marktteilnehmer sowie rationale und irrationale Entscheidungen spielen die Hauptrollen bei der Preisfestsetzung.
Da wären natürlich erst einmal die Produzenten selbst, die bestimmen, wann und wie viel von ihrem Öl auf den Markt kommt. Tatsächlich war es das Hauptmerkmal früherer Ölkrisen (in den 1970er und 1980er Jahren), dass die Ölländer schlicht weniger als zuvor geliefert haben, um den Preis zu ihren Gunsten zu beeinflussen. Heute ist das nicht mehr der Fall, es gibt genug Öl auf dem Markt. Das macht es so schwierig, schlüssige Erklärungen für die aktuellen Preissprünge zu finden.
Als nächstes Glied in der Kette wäre der Handel mit Öl zu betrachten, in dem wahrscheinlich heute das größte Erklärungspotenzial zu finden ist. Im Ölhandel gibt es viele Mitspieler, die ein gemeinsames Ziel haben: gut verdienen. Die Preise richten sich nach Erwartungen über künftige Entwicklungen. Da kann es schon vorkommen, dass ein kleiner Krisenherd irgendwo auf der Welt zu einem enormen Ölpreisanstieg führt, weil einzelne Marktteilnehmer meinen, die Krise könnte sich zu einem riesigen Konflikt ausweiten. So wie an Getreidebörsen der Preis für Weizen steigt, wenn infolge Schlechtwetters große Ernteausfälle befürchtet werden, steigt auch der Ölpreis an

den Börsen, wenn aus irgendeinem Grund eine höhere Nachfrage oder ein geringeres Angebot erwartet wird. Auch wenn sich die Erwartungen im Nachhinein als falsch herausstellen – der Schlusspreis dieses Tages ist und bleibt dann hoch. Auch irrationale Beweggründe spielen mit. Da gibt es zum Beispiel die Anekdote über einen kleinen Ölhändler in den USA, der eines Tages beschlossen hat, in der Branche berühmt zu werden. Und an einem Tag, als der Preis für ein Fass Öl gerade noch sehr knapp unter der von allen aus psychologischen Gründen gefürchteten »100-Dollar-Marke« lag, gerade eben jene geringe Menge geordert hat, die den Preis über die magische Marke kippen ließ. Ob diese Geschichte nun tatsächlich wahr ist oder nicht, spielt eigentlich keine Rolle. Sie zeigt aber sehr gut, welche irrationalen Gründe bei der Preisbildung beteiligt sein können.

Der Ölhandel, wie beschrieben, findet auf einem globalen und »freien« Markt statt. Politische Eingriffe im engeren Sinn gibt es keine, abgesehen davon, dass alle Lebensbereiche, und gerade auch dieser wichtige Markt, immer irgendwie von der Politik beeinflusst sind. Die Kontrolle durch übergeordnete Institutionen ist sehr begrenzt, um nicht zu sagen nicht vorhanden. Während in anderen Branchen große Marktteilnehmer zumindest offen legen müssen, wer sie sind, gibt es im Ölhandel keinen genauen Überblick über die Identitäten der Marktteilnehmer. Das können einzelne Händler, Gesellschaften, Fonds oder auch Länder sein. Wegen der fehlenden Statistiken ist es auch nicht möglich festzustellen, wie viel vom enormen Ölpreisanstieg eigentlich auf das Konto von Spekulationsgeschäften geht. Schätzungen sprechen von zwanzig bis dreißig Prozent.

Es ist klar, dass Abhilfe gegen diese überbordende Entwicklung nicht von Einzelnen, auch nicht von nationalen Institutionen in Gang gesetzt werden kann. Eine Neuordnung müsste auf Weltebene geschaffen werden, in einem ersten Schritt mit Verpflichtungen zur Offenlegung der verschiedenen Marktteilnehmer. Die Internationale

Energieagentur (IEA) wäre zum Beispiel prädestiniert für eine solche Aufgabe. Es gibt auch heute bereits verschiedene Ansätze für die Schaffung von mehr Markttransparenz, etwa die Plattform JODI (Joint Oil Data Initiative)[20], in der sich unter anderen auch die EU engagiert.

Öl wird nicht ausschließlich in diesem für Konsumenten völlig undurchschaubaren Markt gehandelt. Wir können beruhigt davon ausgehen, dass genau das Öl, das täglich in den Raffinerien verarbeitet wird, nicht täglich neu auf dem freien Markt erworben werden muss – anders als wenn ich heute Mittag Bratwurst essen will und vorher noch rasch auf den Markt um Kartoffeln für den Salat muss. Nein, die klugen und vorausschauend agierenden Multis mit ihren Einkaufsabteilungen haben natürlich auch feste Verträge mit Lieferländern beziehungsweise sogar »eigenes« Öl (wenn, und das ist oft der Fall, sie innerhalb des Konzerns auch an Förderfirmen beteiligt sind). Allerdings: Dort erfahren die Konsumenten noch viel weniger, wie hoch gerade der aktuelle Preis ist. Die Mineralölfirmen werden schon wissen, warum sie über ihre Einkaufspreise keine Informationen geben. Wir können nur anhand von Indizien und Hochrechnungen vermuten, dass für dieses Öl nicht der tagesaktuelle Weltmarktpreis hingeblättert werden muss.

Eine ebenso neue Situation wie der rapide Anstieg der Ölpreise ist der gleichzeitige Verfall des Dollarkurses gegenüber dem Euro. Öl wird immer in Dollar gehandelt. Wie aus der Grafik unten ersichtlich, hat sich der Ölpreis seit Jahresbeginn 2001 bis heute grob gesagt versechsfacht. Die Kalkulation bei uns erfolgt natürlich in Euro. Das Verhältnis Dollar zu Euro hat sich jedoch stark verschoben: war es Anfang 2001 noch ungefähr gleich – über den Daumen gerechnet, konnte man sagen, ein Dollar sei einen Euro wert und umgekehrt – so erhält man heute für einen Euro fast 1,60 Dollar. Derselbe Ölpreis, der in Dollar gerechnet heute sechsmal so teuer ist wie 2001, hat sich daher, umgerechnet in Euro, im selben Zeitraum »nur« knapp vervierfacht.

Zur Veranschaulichung der Ölpreisentwicklung der Preis in Dollar pro Barrel OPEC-Korb:

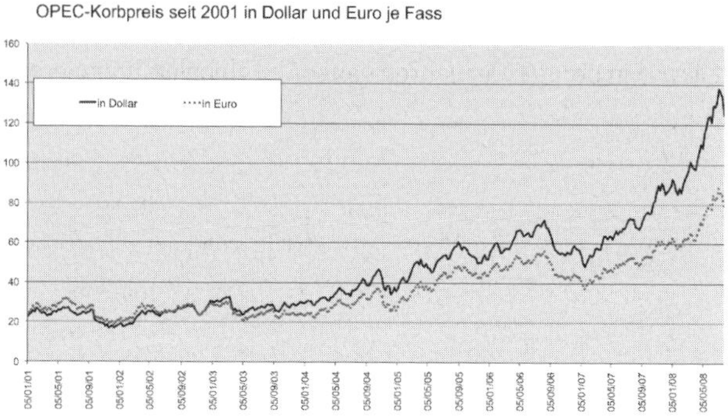

Wir als Konsumenten empfinden die Spritpreise heute als große Belastung und starkes Ärgernis. Ständig müssen daher Argumente gefunden werden, die rechtfertigen, warum die Preise auch objektiv gesehen zu hoch sind. Da kommt der Verfall des Dollarkurses natürlich gerade recht. Die Zahlen zeigen jedoch deutlich, dass dieses Argument zwar einerseits völlig richtig ist und daher auch immer wieder auf die Tatsache des geänderten Umrechnungskurses hingewiesen werden muss. Andererseits muss fairerweise auch zur Kenntnis genommen werden, dass damit nur ein Teil der Entwicklung erklärbar ist. Der Ölpreisanstieg ist jedenfalls enorm – auch wenn man »nur« die (beinahe) Vervierfachung in Euro akzeptiert. Es ist sicherlich nicht übertrieben, von einer neuen »Ölkrise« zu sprechen.

4.1.3. Sind wir in der dritten Ölkrise?

Als Ölkrisen werden Perioden (Monate, Jahre) bezeichnet, in denen die Ölpreise extrem stark ansteigen und enorme negative wirtschaftliche Auswirkungen nach sich ziehen.
Bis zur Ölkrise in den 1970er Jahren galten die globalen Energiereserven in den Industrieländern als unerschöpflich. Umso größer war der Schock der ersten Ölkrise 1973/74. Am 16. Oktober 1973 verkündeten die OPEC-Länder, die Ölausfuhren zu drosseln und die Abgabepreise drastisch zu erhöhen. Der Preis für ein Barrel Öl stieg sofort um rund 70 Prozent. Die dadurch bedingten erheblichen Mehrausgaben der Staaten, der Wirtschaft und der Konsumenten – denn nicht nur Energie, sondern praktisch alle Produkte des täglichen Lebens waren teurer geworden – führte erstmals wirklich deutlich vor Augen, wie sehr alle Lebensbereiche bereits vom Öl abhängig geworden waren. Binnen weniger Tage wurde Energie knapp, Kraftstoff und Heizöl mussten rationiert werden. Die Benzinpreise stiegen, Tempolimits wurden eingeführt – und schließlich war es im Jänner 1974 in Österreich so weit: Der damals zuständige Handelsminister Josef Staribacher erließ eine Verordnung über den ersten »autofreien Tag«: Jeder Autofahrer wurde verpflichtet, an einem Wochentag seiner Wahl auf sein Fahrzeug zu verzichten. Der autofreie Tag musste mit einem Aufkleber auf der Windschutzscheibe angezeigt und in den Zulassungsschein eingetragen werden. (Der Minister erhielt daraufhin von der Bevölkerung den Kosenamen »Pickerl-Pepi« oder »Klebeetiketten-Joe«.) Wer dies vergaß, oder einfach am autolosen Tag fuhr, musste mit Strafen von bis zu 2.200 Euro rechnen. Natürlich gab es viele Ausnahmen, wie etwa für Motorräder, Lastkraftwagen, Traktoren, Motorboote und Privatflugzeuge. Auch bestimmte Berufsgruppen wie Ärzte, Seelsorger, Diplomaten, Taxis, Notdienste aller Art, Behördenfahrzeuge und körperbehinderte Kraftfahrer mussten sich nicht für einen autolosen Tag entscheiden. Wer dann noch immer nicht ausgenommen war, konn-

te eine Sonderbewilligung erlangen, wenn er zum Beispiel nachweisen konnte, das Auto für die Berufsausübung zu benötigen. Eingeführt wurde diese Regelung Mitte Jänner, und bereits Ende desselben Monats forderte der ÖAMTC unter Hinweis auf die mittlerweile wieder angestiegenen Krisenlagerreserven deren Aufhebung, die dann auch bald erfolgte. Ein weiteres »Relikt« der ersten Ölkrise sind übrigens die heutigen Semesterferien an Österreichs Schulen, die 1974 unter dem Namen »Energieferien« eingeführt wurden, weil man sich vor allem vom Nicht-Heizen der Schulgebäude große Einsparungen erwartete. Als zweite große Ölkrise werden die Jahre 1979 und 1980 bezeichnet. Die unruhige politische Lage in der iranisch-irakischen Region, sowie weit reichende Förderausfälle hatten wieder enorme Preissteigerungen zur Folge.

Ob der aktuelle Ölpreisanstieg seit dem Jahr 2007 den dritten großen Ölschock bedeutet, wird erst der Rückblick zeigen. Indizien gibt es jedenfalls. Preisanstiege in allen Lebensbereichen, nicht nur bei Energie, also Benzin, Diesel, Heizöl, Gas etc., sondern auch jene von Lebensmitteln, Gebühren und Konsumartikeln haben in vielen Ländern in hohen Inflationsraten ihren Niederschlag gefunden. Unternehmen, die mehr für Energie und Transporte ausgeben müssen, schlagen diese Mehrkosten auf die Konsumentenpreise auf. Was die aktuelle »Krise« von den vorangehenden unterscheidet, ist, dass die angebotene Ölmenge nicht oder zumindest nur geringfügig reduziert wurde, aber ein starker Nachfrageüberhang besteht, der verschiedene Ursachen hat. Insbesondere die boomenden Länder wie etwa China oder Indien benötigen mehr Energie denn je. Gleichzeitig fehlen den Raffinerien weltweit, vor allem in den USA, Investitionsanreize, um ihre Kapazitäten zu erhöhen. Die Internationale Energieagentur prophezeit den Weltmärkten eine zunehmende Knappheit an Öl, und warnt bereits vor Versorgungsengpässen ab 2012.

Wie teuer wird Benzin, wenn der Ölpreis 200 Dollar erreicht?

Vor einigen Monaten lautete diese Frage noch: »Wie teuer wird Benzin, wenn der Ölpreis 100 Dollar erreicht?«. Vor einigen Jahren wurde dieselbe bange Frage mit der Zahl 50 oder 70 gestellt. Nun haben wir diese Werte alle längst überschritten und die Welt steht immer noch – in manchen Belangen allerdings auf tönernen Beinen. Ein häufiger, in dieser Fragestellung enthaltener Denkfehler ist die Annahme, dass sämtliche Lebensumstände unverändert bleiben, während »nur« die Spritpreise an den Tankstellen entsprechend steigen. Wirtschaftliches Verhalten, sei es nun von Privatpersonen oder von Unternehmen, passt sich aber laufend an geänderte äußere Bedingungen an. So sind bei massiven Ölpreisanstiegen einerseits negative Auswirkungen zu erwarten – wie zuvor über die bisherigen Ölkrisen beschrieben. Gleichzeitig steigt das Energiebewusstsein. Sparmaßnahmen werden umgesetzt, Alternativen entwickelt. Die aktuellen Kraftstoffpreise einfach mit einem höheren Ölpreisanteil zu berechnen, ist zwar am Papier möglich. Ohne Berücksichtigung der sonstigen Preis- und Verhaltensänderungen innerhalb eines Wirtschaftssystems gehen jedoch alle Strategien zur Gegensteuerung am Kern des Problems vorbei.

Energie Sparen ist klug und richtig. Beispielsweise hat sich Schweden als Vorreiter in Europa zum Ziel gesetzt, bis zum Jahr 2020 völlig unabhängig von fossilen Brennstoffen wie Öl, Gas oder Kohle zu sein. Einsparungsstrategien müssen aber immer auch berücksichtigen, dass in der Folge in einen bedeutenden Wirtschaftszweig nicht mehr investiert wird, während mögliche Alternativen, wie etwa die Kernenergie, aus anderen Gründen unerwünscht sein können. Diese Gratwanderung gilt es zu bewältigen.

4.2. Spotmarkt und Raffinerie

Schade, dass Rohöl nicht sofort in den Tank gefüllt werden kann. Unsere Autos wollen lieber Benzin oder Diesel, in manchen Fällen auch anderes Futter. Auf alternative Antriebsarten kommen wir später noch genauer zurück.

Das Öl, gekauft in Einheiten Barrel an Ölbörsen oder mittels längerfristiger Verträge und transportiert via Pipeline oder Tankschiff, landet in den Raffinerien zur Verarbeitung. Wer von den Marktteilnehmern meint, zu wenig aus der Raffinerie zu bekommen, deckt sich kurzfristig am Spotmarkt für Fertigprodukte ein, wo auch die Erzeuger selbst ihre Überschüsse anbieten.

4.2.1. Spotmarkt – der Spritsupermarkt

Was ist der Spotmarkt? Eines ist er sicher: Immer der Schuldige an Preissteigerungen, wenn der Ölpreis kein Argument mehr hergibt. Falls die Mineralölfirmen überhaupt noch Begründungen für Preiserhöhungen suchen. Meist erhöhen sie einfach kommentarlos, und der Konsument muss es zur Kenntnis nehmen – so viel zum Stichwort Transparenz.

Spot ist ein englisches Wort und bedeutet soviel wie »Ort, Stelle, Fleck« – am Spotmarkt wird also an Ort und Stelle, eher kurzfristig und regional mit, in diesem Fall, den Fertigprodukten Benzin und Diesel gehandelt. »Kurzfristig« steht dabei im Gegensatz zu den im Rohölhandel üblichen Termingeschäften, die wir bereits erwähnt haben. »Regional« bedeutet, dass nicht der gesamte Welthandel an einem »Spot« betrieben wird. Für Europa ist der Spotmarkt in Rotterdam das Zentrum des Fertigproduktenhandels, bei dem im Wesentlichen Überschüsse aus den Raffinerien rasch verkauft werden.

Wie bei anderen Börsengeschäften gelten auch hier die vorher beschriebenen Verhaltensmuster und Interessenslagen. Da aber mit Produkten aus Rohöl gehandelt wird, verstärken sich hier alle Preisbildungsmechanismen noch: Ist schon der Rohölpreis an den verschiedenen Börsen unter teils irrationalen Annahmen entstanden, so kommt diese Komponente jetzt ein weiteres Mal beim Produktenhandel zum Tragen. So gesehen eigentlich ein äußerst fragwürdiger Preisbildungsvorgang, an dessen Ende dann ein allgemein anerkannter Durchschnittstagespreis für das jeweilige Produkt liegt, an dem sich ganz Europa orientiert. Gegenargument der produzierenden Mineralölwirtschaft: Wir könnten unsere Produkte genau zu jenem Preis auf dem Spotmarkt verkaufen – warum sollten wir sie dann im Inland günstiger abgeben? Und schon steigen die Preise in Österreich auf jenes Niveau, das der Spotmarktmechanismus gebildet hat. Die Mineralölbranche nennt das betriebswirtschaftlich korrekt ein »Wiederbeschaffungswertprinzip«. Die Autofahrer haben trotzdem dafür kein Verständnis. Sie sehen nicht ein, warum sie für ein Produkt einen europäischen Börsenpreis bezahlen müssen, obwohl dieses im Inland produziert wurde und nicht einmal an Rotterdam anstreift.

Langfristig gesehen ähneln sich natürlich die Preisverläufe von Rohöl und Fertigprodukten. Denn dass Benzin und Diesel aus Öl gemacht werden, lässt sich nicht abstreiten. Kurzfristig kann es jedoch enorme Unterschiede geben. Die folgende Darstellung zeigt die Preisentwicklung für Benzin und Diesel am Spotmarkt Rotterdam. Deutlich zu erkennen sind einige extreme Preisspitzen, die im Verlauf der Rohölpreisentwicklung nicht so stark auftreten.

Ebenso gut zu sehen ist die Abkoppelung des Dieselpreises vom Benzinpreis ab September 2007.

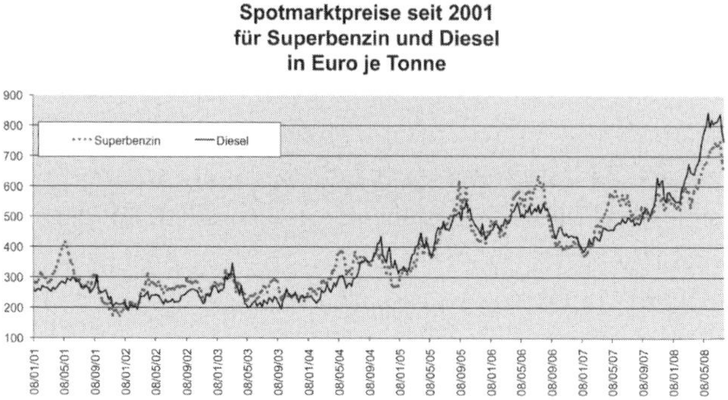

4.2.2. Raffinerien – die Spritfabriken

Das Verhältnis zwischen Raffinerie und Tankstelle sollte eigentlich genau so sein wie jenes der Molkerei zum Supermarkt, der die Milch verkauft: Sie ist nur der Lieferant. Verwirrenderweise tragen in vielen Ländern Tankstellen die Namen der Raffinerien, wie zum Beispiel in Österreich, wo die einzige Raffinerie genau so heißt wie eine der größten Tankstellenketten. Das ist natürlich kein Zufall. Produktion und Vertrieb von Kraftstoff befinden sich, wenn auch in verschiedenen Firmenstrukturen verteilt, sozusagen »unter einem Dach«. Das ist für die Argumentation der Anbieter sehr praktisch: Je nach Interessenslage ist der Benzin- und Dieselpreis entweder hoch, weil die Einstandskosten der Produktion gestiegen sind (Öl kostet mehr!) oder weil der Vertrieb teurer geworden ist (Tankstellenausstattung, Transportwege). Noch komplizierter wird die Sache, wenn in diesen Konzernen – »Multi« – auch noch die Ölförderung beheimatet ist (Öl bringt mehr ein!).

Weltweit werden die jährlich vier Milliarden Tonnen Rohöl in rund 650 Raffinerien zu verschiedenen Produkten wie Benzin, Diesel,

Heizöl, Spezialkraftstoffen und Schmiermittel verarbeitet. Ohne nun auf die technischen Verfahrensabläufe genauer einzugehen, kann ganz allgemein gesagt werden, dass es sich bei der Produktion immer um ein Bündel von Endprodukten handelt, deren Anteile sich nicht beliebig ändern lassen. Aus einer Einheit Rohöl kann zum Beispiel rund ein Drittel Diesel hergestellt werden. Wird nun auf dem Markt mehr Diesel nachgefragt, kann dieser Prozentsatz nicht so einfach erhöht werden, und wenn überhaupt, dann nur mit mehr Aufwand und höheren Kosten. Die Folge von hoher Nachfrage und geringerem Angebot – wir ahnen es leider schon: Der Preis steigt.

4.3. Wie viel der Fiskus wirklich mitkassiert

Das Dilemma an unserem täglichen Ärger über die Spritpreise besteht oft in der Frage, ob man sich jetzt mehr über die Mineralölfirmen ärgern soll, die den Produktpreis bestimmen, oder doch mehr über den Staat, der mit jedem getankten Liter automatisch mitkassiert. Oder vermutet man gar ein Zusammenspiel, weshalb der Staat deswegen nichts gegen die hohen Preise unternimmt, weil er ja seinen Anteil davon erhält? Lassen wir die Fakten sprechen.

Wer in Österreich Mitte 2008 um 70 Euro Superbenzin tankte, zahlte davon rund 38 Euro – also knapp über die Hälfte – an den Staat. Der deutsche Autofahrer musste einen Anteil von etwa 43 Euro abliefern, der englische umgerechnet – er begleicht die Rechnung in Pfund – 41 Euro. Weniger als die Hälfte ihrer Tankrechnung gaben die Menschen zum Beispiel in Griechenland, Spanien, Frankreich, Malta und Rumänien an den Fiskus ab.

Beim Diesel gibt es sogar noch größere Unterschiede. Zwischen 37 und 54 Prozent beträgt der Anteil der Steuern am Liter in den Mitgliedsländern der Europäischen Union.

Mit jeder Änderung des Literpreises an der Zapfsäule ändert sich der

prozentuelle Steueranteil. Das liegt daran, dass zwei unterschiedliche Steuern je Liter berechnet werden: Erst die fixe Mineralölsteuer, dann die Mehrwertsteuer als Prozentaufschlag.
Die Mineralölsteuer ist eine der bedeutendsten Steuern in jedem Staatssäckel. Zusammen mit der auf den Kraftstoffverkauf entfallenden Mehrwertsteuer – die der gewerbliche Schwerverkehr übrigens nicht bezahlt, weil er sie sich als Vorsteuer wieder zurückholt – macht das insgesamt fast die Hälfte jener zwölf Milliarden Euro aus, die aus dem Straßenverkehr jährlich in das österreichische Bundesbudget fließen.

4.3.1. Die Mineralölsteuer

Ursprünglich steckte hinter der Erfindung der Mineralölsteuer eine gute Idee: Diejenigen, die mit ihrem Kraftfahrzeug die Straßen (ab-)nutzen, sollen deren Errichtung und Erhaltung auch selbst bezahlen. Das ist der moderne Gedanke des »Verursacherprinzips«. Wer wie oft die Straßen befährt, lässt sich am einfachsten über den Kraftstoffverbrauch eruieren. Mit jedem getankten Liter wurde daher ein fixer Betrag an Mineralölsteuer eingehoben, der in Österreich über viele Jahre widmungsgemäß – der Fachausdruck lautet »zweckgebunden« – für die Bundesstraßen verwendet wurde. Das eingenommene Geld durfte vom Staat nicht anderweitig ausgegeben werden. Dieses Finanzierungsprinzip hat in Österreich bis zum Jahr 1987 auch leidlich gut funktioniert. Aufgrund budgetärer Notwendigkeiten – wie oft wir das auch heute immer wieder hören! – wurde 1987 diese Zweckbindung aufgehoben. Seither ist Folgendes passiert: Die Mittel für Straßenbau und Straßenerhaltung sind natürlich permanent gesunken, was in Folge zur Einführung der Autobahnvignette geführt hat und bis hin zu Vorschlägen für die Einführung eines Road-Pricing-Systems geht, die trotz einer Fülle von Gegenargumenten immer wieder aus verschiedenen Ecken aufflammen. Das Geld, das eigentlich für diesen Zweck bestimmt war, fließt heute in das allgemeine Bundesbudget und wird für alles Mögliche ausgegeben und reicht trotzdem nie.

Seit dem Beitritt Österreichs zur Europäischen Union richtet sich die Mineralölsteuer – wie in allen Mitgliedsländern – nach der so genannten »EU-Verbrauchssteuer-Richtlinie«. Diese besagt unter anderem, dass die Mineralölsteuer mit einem fixen Betrag pro Liter angesetzt sein muss. Daher wird diese Steuer nicht mit einem Prozentsatz des Preises errechnet. Im Gegensatz zu einem weit verbreiteten Missverständnis nimmt also der Fiskus nicht mehr an Mineralölsteuer ein, wenn die Benzin- und Dieselpreise steigen, weil es sich um eine reine Mengensteuer handelt. Der zweite Grundsatz gibt vor, dass es pro Liter Kraftstoff nur eine Verbrauchssteuer (plus die Mehrwertsteuer) geben darf. Wie diese in den einzelnen Ländern genannt wird, ist gleichgültig. In Österreich und Deutschland heißt sie Mineralölsteuer.

Nicht vorgeschrieben wird seitens der Europäischen Union die Höhe dieser Steuer, es wird aber ein Mindestsatz angegeben. Auch dieser gerät nun immer wieder in Diskussion, wenn wieder einmal ein Schritt zur Harmonisierung, also der langsamen Angleichung verschiedener Steuern der Mitgliedsländer, in Angriff genommen wird. Problematisch sind dabei die schwer vergleichbaren Steuerstrukturen und natürlich die Einnahmen, auf die kein Staat verzichten will. Harmonisierung bedeutet daher letztlich oft Erhöhung, da kein Land Steuern senken will. Eine zweite Idee, die in derselben Debatte immer wiederkehrt, ist die Einführung unterschiedlicher Mineralölsteuersätze je nachdem, ob der Kraftstoff – das betrifft natürlich vor allem Diesel – zu privaten oder gewerblichen Zwecken verwendet wird. Solche Vorschläge werden von den Konsumentenvertretern mit großer Skepsis beurteilt. Die Gefahr, dass der Diesel für Private teurer wird, ist zu groß.

Eine spezielle Ausgestaltung der Mineralölsteuer in Österreich sind die geltenden »gesplitteten« Steuersätze. Um die Einführung und Verbreitung umweltfreundlicher Kraftstoffe voranzutreiben, wurden vorerst ab 2004 für schwefelfreie, später (ab Oktober 2005 für Diesel, zwei Jahre danach für Benzin) für Kraftstoffe mit einem bestimmten Minimum an Bio-Anteil unterschiedliche Steuersätze definiert. Für einen Liter Benzin, egal ob Normal oder Super, zahlt man seither 44,2 Cent Mineralölsteuer, wenn es sich um ein schwefelfreies und mit einem bestimmten Mindestanteil Ethanol (»Biosprit«) vermischtes Produkt handelt, und 47,5 Cent für alle anderen Qualitäten. Für Diesel sind es 34,7 beziehungsweise 37,5 Cent.
Ärger auf einem Nebenschauplatz: Leider wurde seit dem »Splitting« von österreichischer Seite der höhere Steuersatz für den wöchentlichen »EU-Preisvergleich« nach Brüssel gemeldet, wodurch auf dem Papier ein günstigerer durchschnittlicher Produktpreis aufschien als er der Realität entsprach. Für diese Wochenmeldung listet jedes Mitgliedsland regelmäßig die durchschnittlichen Preise an den Tankstellen auf, sowie zusätzlich den aktuellen Mineralölsteuersatz. Daraus wird – Bruttopreis minus Mehrwertsteuer minus Mineralölsteuer – der Nettopreis rückkalkuliert. Wird nun von zwei möglichen Steuersätzen der höhere angegeben, dann errechnet sich automatisch ein niedrigerer Ausgangswert. Diese Vorgangsweise ist insofern nicht korrekt, als rund 90 Prozent des in Österreich verkauften Kraftstoffs dem niedrigeren Satz unterliegen, da sie schwefelfrei sind und den angestrebten Bioanteil erreichen. »Alles nur theoretisches Gerede«, werden Sie jetzt sagen. Zu Recht, denn am Preis, der an der Tankstelle fällig wird, würde eine korrekte Darstellung gar nichts ändern. Aber es handelt sich um ein Beispiel von vielen für das, was wir mangelnde Transparenz nennen.

4.3.2. Die Mehrwertsteuer

Zwanzig Prozent auf fast alles. Das sind wir als Konsumenten gewöhnt. Ob Haarshampoo oder neues Auto, Jeans oder Sprit – in jedem Preis steckt die Mehrwertsteuer drin. In Deutschland ist es ein Prozentpunkt weniger, in anderen europäischen Ländern liegen die Sätze in ähnlichen Größenordnungen. Zwanzig Prozent auf alles bedeutet leider auch: Zwanzig Prozent »Steuer auf die Steuer«. Denn die Rechnung geht so: Zuerst der Produktpreis, in unserem Beispiel für Benzin und Diesel. Dann wird die Mineralölsteuer dazu gerechnet, und auf die Summe der beiden kommen die besagten zwanzig Prozent oben drauf. Im Klartext bedeutet das, dass auch für die Mineralölsteuer Mehrwertsteuer anfällt. Das ist diesmal kein österreichisches Kuriosum, sondern wird in allen Ländern Europas so gehandhabt. Günstig für die Finanzminister. Denn auf diese Art und Weise können sie bei steigenden Kraftstoffpreisen automatisch mitkassieren. Geschätzte mehr als 200 Millionen Euro in einem Jahr (2008 im Vergleich zu 2007) werden den bisherigen »Rekord« an unerwarteten, aber umso mehr erwünschten Mehreinnahmen wegen gestiegener Spritpreise ergeben. Diese Mehreinnahmen wandern – wen wundert es – natürlich in das allgemeine Budget, anstatt in Entlastungsmaßnahmen für Vielfahrer umgewandelt zu werden.
Ein Mitte 2008 wegen der extrem hohen Spritpreise seitens des französischen Präsidenten ins Spiel gebrachter Vorstoß für eine flexiblere – im Anlassfall natürlich niedrigere – Mehrwertsteuer auf Kraftstoffe wurde leider, fast möchte man sagen reflexartig, sofort von den Finanzministern aller EU-Mitgliedsländern sowie der Kommission abgelehnt. Trotzdem: Auf EU-Ebene wird die Besteuerung von Kraftstoff zumindest schon einmal diskutiert, und das ist ein Zeichen dafür, dass die enorme Belastung für die Verbraucher endlich ernst genommen wird. Es sollte keine Gelegenheit ausgelassen werden, um über mögliche Entlastungsstrategien nachzudenken.

4.3.3. Tanktourismus

Noch vor einigen Jahren hatte man ein ganz bestimmtes Bild von Tanktouristen vor Augen: Familien, die am Wochenende einen Ausflug in das benachbarte Ausland machten – damals vorzugsweise nach Ungarn –, um dort billig Mittag zu essen, billig zum Friseur zu gehen und das Auto billig voll zu tanken. Abgesehen davon, dass sich die Zielländer umgekehrt haben, weil der Tanktourismus heute nach Österreich und nicht aus Österreich hinaus führt, muss auch dieses Bild völlig revidiert werden. Der Tanktourismus ist überwiegend ein professioneller geworden. Der Schwerverkehr durch ganz Europa nutzt jede Gelegenheit, um seine Tanks in Österreich aufzufüllen. Wegen der höheren Mineralölbesteuerung vor allem in Deutschland sind die Literpreise von Diesel bis zu 16 Cent höher als in Österreich. Und wenn man bedenkt, dass in einen üblichen Lkw-Tank schon rund 400 Liter passen, in manche sogar bis zu 1000, dann kann man schon verstehen, dass gerade die Frächter auf diese Weise versuchen, ihre Kosten knapp zu halten.

Schön für die österreichischen Tankstellen im Grenzgebiet, die auch mit Preisen an der – nach österreichischem Niveau bemessenen – Obergrenze immer noch günstiger sein können als die deutschen Kollegen und dementsprechend gern angesteuert werden. Schön auch für die österreichischen Steuerzahler. Denn die Tanktouristen spülen so rund eine Milliarde Euro jährlich an Steuerleistungen in unser Budget. Würden Maßnahmen ergriffen, um den Tanktourismus zu stoppen, hieße das wohl, dass wieder einmal die Österreicher selbst durch höhere Abgaben einspringen müssten.

Der Nachteil: Aufgrund internationaler Vereinbarungen werden die erlaubten CO_2-Höchstwerte jedem Land auf Basis eines Verteilungsschlüssels zugerechnet, der sich am vertankten Kraftstoff im jeweiligen Land orientiert. Und zwar ohne Rücksicht auf die Tatsache, dass dieses CO_2 im Fall von »Tanktourismus« gar nicht im Inland anfällt.

Das wäre an sich nicht der Kern des Problems, weil die CO_2-Emissionen ohnehin nicht an den Landesgrenzen enden. Schwierig, weil teuer, wird es erst, wenn für das überzählige CO_2 Strafzahlungen fällig werden. Nach dem derzeitigen Stand wären diese Zahlungen aber noch immer geringer als die Mehreinnahmen. Nur in zwei europäischen Ländern gibt es das Phänomen des Tanktourismus. In Österreich schätzt man den Anteil des Tanktourismus an der Gesamtmenge des verkauften Kraftstoffs auf knapp 30 Prozent, in Luxemburg sogar auf 70 Prozent. Auch das kleine Land mit den günstigen Spritpreisen möchte aus budgetären Überlegungen den Tanktourismus nicht missen.

4.4. Preisgestaltung: Kritik und Tipps

Verschiedene Versuche der Preisgestaltung von Benzin und Diesel in Österreich, von gesetzlicher Regelung bis hin zu völliger Liberalisierung, heftige Diskussionen zwischen Stammtisch und Medienöffentlichkeit, und ein hohes Maß an Unzufriedenheit auf beiden Seiten haben die Thematik »Spritpreise« bis heute geprägt.
Wie könnte ein Schlagabtausch der Argumente heute aussehen? Wir stellen uns folgende Szene vor:

Autofahrer A., der unter den hohen Spritpreisen leidet, sitzt einem Vertreter der Mineralölwirtschaft (M.) gegenüber:
A: Die Spritpreise sind ungerechtfertigt hoch.
M: Da können wir nichts dafür. Die Ölpreise sind so stark gestiegen, das müssen wir weitergeben. Und außerdem tanken Sie in Österreich ohnehin billiger als in anderen Ländern. Schauen Sie sich nur Deutschland an!
A: Aber Sie kaufen das Öl doch gar nicht zu den tagesaktuellen Börsenpreisen, die außerdem wegen des höheren Eurokurses gegenüber dem Dollar ohnehin gar nicht so dramatisch gestiegen sind.

Sie haben doch langfristige Verträge. Was kostet Sie das Öl eigentlich wirklich?

M: *Unsere internen Kalkulationen gehen Sie gar nichts an. Und überhaupt ist der Ölpreis gar nicht so entscheidend, er hat nur rund zehn Prozent Einfluss auf den Endpreis an der Tankstelle. Wichtiger ist der Spotmarktpreis in Rotterdam und da können wir Ihnen sogar beweisen, dass wir uns genau danach richten.*

A: *Aha, Sie kaufen Benzin und Diesel also schon fertig in Rotterdam ein? Ich dachte, das meiste wird hier in der Raffinerie erzeugt?*

M: *Ja, schon. Nicht, dass wir wirklich dort einkaufen. Aber wir könnten theoretisch den bei uns produzierten Kraftstoff irgendwo anders um diesen Rotterdamer Preis loswerden. Das nennt man Wiederbeschaffungspreisprinzip. Da wären wird doch dumm, wenn wir es im Inland billiger hergeben. Wir sind ein international agierender Konzern!*

A: *Und warum gibt es dann einen nationalen Preisaufschlag in Österreich? Schließlich sind die Produktpreise hier höher als zum Beispiel im angesprochenen Deutschland. Dort ist der Liter ja nur wegen der hohen Steuern so teuer, nicht wegen der Preispolitik.*

M: *Das ist etwas anderes. Wir denken und agieren zwar international, aber in Österreich muss es eben Preisaufschläge geben: Österreich liegt nicht am Meer, daher haben wir hohe Transportkosten. Bedenken Sie auch, wie viele Tankstellen wir in schwer zugänglichen Alpentälern versorgen müssen. Und bei den Tankstellenshops können wir auch nichts verdienen. Und erst die Umweltauflagen, die wir so vorbildlich erfüllen!*

A: *Die werden anderswo auch längst erfüllt. Und entlegene Tankstellen gibt es überall. Und in welcher Rolle argumentieren Sie jetzt eigentlich? Als Produzent oder als Tankstellenbetreiber?*

M: *Naja, das kann man so nicht trennen. Schließlich geht es um die Versorgung des Landes mit Kraftstoffen, wir haben da eine große Verantwortung.*

A: In den Bilanzen können Sie es aber sehr wohl trennen. Da hört man doch immer, dass Sie im Tankstellengeschäft nichts verdienen. Wo kommen dann die Gewinne her, die jedes Jahr wieder Rekordwerte erreichen?

M: Sie werden uns doch nicht unsere Gewinne vorwerfen! Wir sichern schließlich viele Arbeitsplätze damit. Gewinne machen wir zum Beispiel, wenn der Ölpreis hoch ist.

A: Aber den hohen Ölpreis geben Sie doch an die Autofahrer weiter?

Ende der Szene. Da wir mit den Argumenten wieder am Anfang gelandet sind, könnte dieser fiktive Dialog endlos fortgesetzt werden. Welche Strategien scheinen nun Erfolg versprechend, um aus dieser Endlosschleife auszubrechen und zu fairen und nachvollziehbaren Preisen zu gelangen?

- Transparenz auf allen Ebenen: *Von den Ölproduzenten über den Handel, von Verarbeitung und Transport bis zum Einzelpreis ist mehr Transparenz vonnöten. Einer der wichtigsten Bereiche dafür scheint in der aktuellen Preissituation der internationale Ölhandel zu sein. Hier sind internationale Organisationen gefragt. Nationale Einzelinitiativen können auf dem Weltmarkt nicht viel ausrichten. Sie können aber auf lange Sicht gesehen ihren Beitrag leisten, indem sie die Bedeutung des Themas auf EU-Ebene einbringen, die es weiter auf globales Niveau trägt.*
- Schaffung fairer Rahmenbedingungen: *Es müssen seitens der politisch Verantwortlichen alle Vorkehrungen getroffen werden, um Rechtfertigungen höherer »Österreich-Preise« wegen des Tankstellenumfeldes, sei es im Bereich Shopsortiment, Öffnungszeiten, Umweltauflagen oder andere, unmöglich zu machen. Ergänzend sollte man die Öffentlichkeit darüber informieren, welche Standards in anderen Ländern ebenfalls bereits eingehalten werden, damit Preisvergleiche nicht relativiert werden können.*

- Einflusspotenzial des Staates innerhalb des Systems der freien Marktwirtschaft nützen: *Mit moderater Steuerpolitik und (finanzieller, personeller und motivierender) Unterstützung behördlicher Untersuchungen des Kraftstoffmarktes im Hinblick auf einen funktionierenden Wettbewerb. Hat eine Branche den Eindruck, dass sich die öffentliche Hand nicht besonders um sie kümmert oder gar ihre Preispolitik billigt, zahlt der Konsument die Zeche.*
- Öffentlichkeitsarbeit: *Permanenter öffentlicher Druck über die Medien durch transparente Aufbereitung aller Fakten erschwert eine ungezügelte Preispolitik. Gut informierte Konsumenten sind nicht so leicht bereit, sich alles gefallen zu lassen. Leider kann kein Nachweis erbracht werden, wann und wie oft allein wegen des großen öffentlichen Drucks Preiserhöhungen ausgesetzt oder Preissenkungen umgesetzt wurden. Wir können aber aufgrund verschiedener Indizien davon ausgehen, dass es so ist.*
- Medienaufmerksamkeit: *In Zeiten höchster Preise muss seitens der Medien neben den alltäglichen Preisdiskussionen auch die gesamtwirtschaftliche Bedeutung des Themas hervorgehoben werden. Es geht heute nicht mehr nur um ein paar Euro mehr für eine Tankfüllung, sondern um den Energiesektor als Ganzes, und in weiterer Folge um hohe Inflationsraten und drohende Rezession. Nur Umweltfanatiker bevorzugen den Tunnelblick und sehen alles positiv, was das Autofahren verleidet, ohne das Umfeld zu berücksichtigen und ohne zu bemerken, dass auch sie als Konsumenten früher oder später die negativen Folgen dieser Entwicklung spüren werden.*
- Unterstützung der Konsumenten bei marktkonformen Entscheidungen: *Hilfestellung bei Preis- und Kaufentscheidung zum günstigsten Anbieter (→ Spritpreisdatenbanken!) beeinflusst das Preisniveau insgesamt zugunsten der Autofahrer. Konsumentenverwirrung durch mehrmalige tägliche Preisänderung muss verhindert werden – auch im Supermarkt wird der Milchpreis nicht*

fünf Mal pro Tag umgestellt. Bestimmte Reihenfolgen und Schriftgrößen bei den Preisankündigungen an den Stationen sind ebenfalls hilfreich für einen raschen Überblick. Langfristig sind Verbrauchsrückgänge durch Sprit sparendes Fahren, Verzicht, wenn möglich, und Umstieg auf alternative, nicht fossile Antriebsarten, Ziel führend.

- Vermeidung von Zielkonflikten und Angebot von Alternativen: *Wenn Politik und Wirtschaft von den Menschen Flexibilität im Hinblick auf ihren Arbeitsplatz verlangen, ihnen aber nicht sagen können, wie sie die Wege bewerkstelligen sollen. Wenn den Autofahrern ständig ein schlechtes Gewissen wegen der angeblich durch sie verursachten Umweltverschmutzung eingeredet wird, »saubere« Alternativen aber schlicht nicht oder zumindest nicht ausreichend vorhanden sind. Wenn arbeitende Menschen ständig weniger verdienen, sie aber zur Ankurbelung der Wirtschaft mehr Autos kaufen sollen. Wenn Bahn fahren empfohlen wird, aber gleichzeitig Bahnlinien eingestellt und Tarife erhöht werden. Wenn Wohnen im Umland billiger ist als in Städten, den Pendlern dafür Strafen in Form von City-Mauten angedroht werden. Die Liste der Zielkonflikte, denen wir heute gegenüberstehen, ließe sich beliebig verlängern. Aufgabe der Politik ist es, Lösungen anzubieten. Und nicht durch Strafen, Verbieten und Verteuern ihre eigene Ratlosigkeit auf die Autofahrer überzuwälzen.*

4.4.1. Wer bestimmt wie den Preis?

Wir haben nun folgende Kriterien sowie deren Einflussgrößen ausfindig gemacht, die in die Kalkulation der Endpreise an der Tankstelle einfließen:

Ölpreise und Preise für Fertigprodukte am Spotmarkt:

- *Qualität*
- *Aufbringung/Produktionsmenge*
- *Interessen der Marktteilnehmer*
- *Handel und Spekulation*
- *Preis- und Mengenerwartungen*
- *Währungsschwankungen*

Raffinerie:

- *Kapazitäten*
- *Investitionspotenzial*
- *Einstandspreise*
- *Verarbeitungskosten*
- *Transportkosten*
- *Vertriebswege*
- *Stand im internationalen Wettbewerb*

Steuern:

- *Verbrauchssteuer = Mineralölsteuer*
- *Mehrwertsteuer*
- *Verhältnis Nettopreis zu Bruttopreis*
- *Verhältnis Inlandspreis zu umliegendem Ausland*

Tankstelle:

- *Standort (!)*
- *Mitbewerber*
- *Status des Betreibers und Grad seiner Abhängigkeit*
- *Größe und Ausstattung (Shop, Waschstraße, etc.)*

Rahmenbedingungen auf nationaler und/oder internationaler Ebene:

- *Grad der »Einmischung« der Politik in die Preisbildung*
- *Schaffung Wettbewerb fördernder Umfelder (z.B. Raumordnung)*

- *Gesetzgebung in technischer, rechtlicher und wirtschaftlicher Hinsicht (Beispiele: Ausstattung der Tankstelle, Öffnungszeiten der Shops etc.)*
- *Maßnahmen zur Erhöhung der Transparenz*

Und von all diesen Faktoren sind einzig die Steuern pro Liter exakt nachrechenbar. Als Beispiel hier die Berechnung für einen Liter Diesel bei einem angenommenen Preis:

Bruttopreis an der Zapfsäule	1,300 €
davon 20% Mehrwertsteuer	0,217 €
minus Mineralölsteuer (fix)	0,347 €
Nettopreis (Produktpreis)	0,736 €
Steueranteil:	43,4 %

In den »Nettopreis« sind alle oben aufgezählten Faktoren (außer den Steuern) in irgendeiner Form eingeflossen, und keinem Konsumenten ist es de facto möglich, in die Kalkulationen tatsächlich Einblick zu nehmen und eine exakte Darstellung zu erhalten. Wir müssen uns mit Indizien, Hochrechnungen, Schätzungen, Vermutungen und manchmal auch mit Ausreden begnügen. Und das ist so ärgerlich.

4.4.2. Preisregelung versus »freier Markt«

Blickt man auf die Geschichte der Benzin- und Dieselpreisgestaltung der letzten Jahrzehnte zurück, dann erstaunen auf den ersten Blick die wechselnden Versuche der Einflussnahme durch die Politik. Nur eines hatten alle gemeinsam: Die Unzufriedenheit der Konsumenten mit dem jeweiligen Ergebnis.
Über viele Jahrzehnte hinweg – nämlich von 1945 bis 1981 – gab es in Österreich eine »amtliche Preisregelung«. Von den Mineralölfirmen

gewünschte Preiserhöhungen mussten beantragt und ausführlich begründet werden. Sie wurden dann in einem sozialpartnerschaftlich besetzten Gremium beschlossen. Ab 16. September 1981, dem Ende der Preisregelung, bis zum September 1990 durften sich die Preise im freien Markt bilden. Als der Unmut über die hohen Preise zunahm, erfand man – typisch für Österreich, könnte man sagen – einen Mittelweg zwischen Preisregelung und freier Preisbildung: Das so genannte »Prinzip der Gläsernen Taschen«. Der Name sollte Programm sein, mehr Transparenz war angesagt. Die Kraftstoffabgabepreise an der Tankstelle wurden exakt immer dann erhöht oder gesenkt, wenn sich die Fertigproduktpreise am Spotmarkt Rotterdam um eine 20-Groschen-Hürde (heute etwa 1,5 Cent) in dieselbe Richtung bewegten. An dieser Stelle wollen wir uns kurz ins Gedächtnis zurück rufen, dass die Bindung der heimischen Preise an den Spotmarkt Rotterdam durchaus in Frage gestellt werden kann. Kein Wunder, dass die Unzufriedenheit mit der Preisgestaltung erneut zunahm. Also ging man 1996 wieder zurück zur freien Preisbildung. Ergebnis: Wieder Aufruhr bei den Autofahrern. Im September 1997 kam es dann zur Einberufung des ersten von mehreren »Gipfelgesprächen« unter Teilnahme des zuständigen Wirtschaftsministers, Vertretern der Mineralölwirtschaft, Konsumentenschützern und den Autofahrer-Interessensvertretungen.

Die Zeit geregelter Preise war offensichtlich vorbei. Was als Instrument der Nachkriegszeit über viele Jahre ganz gut funktionierte, gilt heute als altmodisch und unflexibel. Die Preisregelung dient nur noch als »Rute im Fenster«, wenn es die Mineralölgesellschaften dann doch zu weit treiben und sogar in unserer vehement den freien Markt verteidigenden Gesellschaft auffallen. Das Zauberwort hieß ab sofort Transparenz.

Transparent, also »durchsichtig« und damit für die Konsumenten durchschaubar und nachvollziehbar, sollten einerseits die Preisgestaltung pro Liter selbst und andererseits der Markt mit seinen vielen Tankstellen und deren aktuellen Preisangeboten sein. Würden sich alle Menschen bei jeder Kaufentscheidung rational verhalten, sähe jedes Lehrbuch für Marktwirtschaft folgende Vorgangsweise vor: Marktüberblick verschaffen = zeitgleich alle Preise des gewünschten Produkts bei allen Anbietern erfassen, und dann dort kaufen, wo es am billigsten ist. Obwohl Autofahrerclubs wie der ÖAMTC (in Deutschland der ADAC) im Internet solche Preisübersichten anbieten, die dieses rationale Verhalten per Mausklick ermöglichen sollen, unterlaufen es die Anbieter häufig durch so rasch aufeinander folgende Änderungen, dass der Preis in den wenigen Minuten zwischen Abruf im Internet bis zur Ankunft bei der Tankstelle schon wieder ein anderer ist. Das ist in Wirklichkeit skandalös. Es sollte überhaupt einmal grundsätzlich in Frage gestellt werden, wieso gerade in dieser Branche die Preise mehrmals pro Tag geändert werden müssen beziehungsweise dürfen. Schließlich ändern sich auch die Preise für Süßwaren nicht fünf Mal täglich, obwohl Zucker und Kakao ebenfalls auf Börsen gehandelt werden. Genauso gut könnte man ständig die Preise für T-Shirts ändern, schließlich unterliegt auch Baumwolle den Kursschwankungen. Die Transparenz der Preisgestaltung selbst ist auf dem Mineralölsektor nur eine vorgebliche. Die ausschließliche Orientierung an den Spotmarktpreisen in Rotterdam plus die so genannten »Regionalaufschläge« (die sich nach dem Standort der Tankstelle und der Wettbewerbssituation richten) sind zwar nachvollziehbar – ob sie aber die richtigen Kriterien sind?

Tankboykott

In Zeiten hoher Spritpreise kursieren im Internet immer wieder Kettenmails mit der Aufforderung, bestimmte Tankstellenketten zu boykottieren. Aber Achtung: diese E-Mails sind meist weder aktuell noch beziehen sie sich auf Tankstellen in Österreich. So wird zum Beispiel immer wieder der Boykott von bestimmten Marken angeregt, die nur in anderen Ländern (Deutschland, Frankreich) vertreten sind. Bei allem Verständnis für den Wunsch vieler Autofahrer, den zunehmenden Belastungen durch die Mineralölwirtschaft einen massiven »aktionistischen« Protest entgegen zu setzen, ist eine überlegte Vorgangsweise Ziel führender. Die Erfahrung zeigt auch, dass sich zwar viele Autofahrer vorerst für die Idee aktionistischer Veranstaltungen wie etwa Straßenblockaden oder Tankboykott begeistern, dann aber – wenn es soweit ist – doch nicht mittun. Dann kann aber der Sinn einer solchen Veranstaltung leicht in das Gegenteil umschlagen und die berechtigten Anliegen der Autofahrer würden nicht mehr ernst genommen.

Rahmenbedingungen

Der freie Markt, in dem von informierten Konsumenten ausschließlich rationale Kaufentscheidungen getroffen werden und sich die Preise im freien Spiel der Kräfte von Angebot und Nachfrage bilden, funktioniert also nicht ganz so perfekt. Trotzdem ist dieses System nicht schlechter für uns Konsumenten als die Preisregelung. Ein Eingreifen der Politik, um günstigere Rahmenbedingungen zu schaffen, welche die Mechanismen des freien Marktes unterstützen, ist jedenfalls zu rechtfertigen. Hilfreiche Maßnahmen können sein: Einwirken auf Raumordnungspläne und Betriebsansiedlungsentscheidungen (Standortfrage), Verringerung der Eintrittsbarrieren in den Markt für Diskonter, Zur-Verfügung-Stellen von Lagerkapazitäten, befriedigende Regelungen in Fragen von Gewerbeordnung (Tankstellen-Shops), oder auch Richtlinien für konsumentenfreundliche Preisauszeichnung. Ganz einfach müsste es doch zum Beispiel für jede Tankstelle sein, die Preise in einer bestimmten, einheitlichen Reihenfolge anzugeben, damit der Autofahrer sie rasch, quasi im Vorbeifahren, erkennen kann.

Der Gesetzgeber hat aber natürlich schon grundsätzlich für die ver-

änderten Bedingungen vorgesorgt. Gab es in Zeiten der geregelten Preise eine »Preiskommission«, so sind es heutzutage nationale Wettbewerbsbehörden und Kartellgerichte, die auf die Einhaltung des marktkonformen Verhaltens achten. Diese prüfen Zusammenschlüsse – wenn zum Beispiel eine kleine Tankstellenkette von einer großen aufgekauft wird – und befassen sich mit grundsätzlichen Fragen von Verhaltensmustern in einer Branche. Auch wenn im Einzelfall kein für die Konsumenten sichtbares Ergebnis am Ende einer Untersuchung steht, so ist allein die Tatsache, dass das behördliche Auge durchaus weiterhin auf den Unternehmen ruht, bereits ein wichtiges Zeichen. Die Tatsache, dass auch die Europäische Union eine eigene Wettbewerbskommission eingerichtet hat, zeigt ebenfalls von der Bedeutung, die dem Funktionieren der freien Märkte im Sinne der Konsumenten beigemessen wird. Handlungsbedarf besteht auch und insbesondere bei steigenden Inflationsraten, die 2008 durch die beiden Preistreiber Lebensmittel und Energie bestimmt waren. Allein die Dieselpreise wurden im Jahresabstand um mehr als vierzig Prozent teurer.

4.4.3. So kann man bei den Tankkosten sparen

Siebzig Euro, hundert Euro für eine normale Pkw-Tankfüllung! Was vor einigen Jahren noch völlig undenkbar war, ist heute leider fast der Normalzustand. Trotzdem kann und soll man sparen. Das schont die Geldbörse und die Umwelt. Empfehlenswert ist dabei eine zweifache Strategie: Sparen beim Preis und Sparen beim Fahren.
Die Preise für Benzin und Diesel bewegen sich in einem Preisband von bis zu zwanzig Cent pro Liter. Tankt man einen Autotank beim billigsten Anbieter voll, zahlt man also am Ende rund zehn Euro weniger dafür, als wenn man die teure Tankstelle wählt. Der Unterschied macht auf ein Jahr hochgerechnet bei durchschnittlicher Fahrleistung etwa 200 Euro aus, bei Vielfahrern entsprechend mehr.

Wo eher billige und wo eher teurere Tankstellen zu finden sind, bestimmen der Standort und die Wettbewerbssituation. Teuer sind etwa Autobahnstationen – wer sich auf dem Weg in den Urlaub oder auf Geschäftsreise befindet, schaut oft nicht so sehr auf den Preis. Zudem handelt es sich praktisch immer um gut ausgestattete, moderne Bedienungsstationen von Markenanbietern. Diskonter wird man auf der Autobahn nicht finden. Günstiger ist es dann oft, abzufahren und den Tankstopp in einem nahe gelegenen Ort einzulegen. Teuer ist es auch in Regionen mit geringer Tankstellendichte, und in Österreich in den westlichen Bundesländern. Zwischen den noch teureren Ländern Deutschland und Italien können die Tankstellen in den Bundesländern Salzburg, Tirol und Vorarlberg an die obere Preisgrenze gehen und trotzdem immer noch billiger anbieten als die Nachbarn. Zum Schaden der dort wohnhaften Autofahrer, die keine Wahl haben. Für sie sollte sich die Politik spezielle regionale Entlastungsmaßnahmen überlegen. Besser haben es die Autofahrer in den anderen Bundesländern. Je weiter es Richtung Osten geht, desto günstiger. Höhere Tankstellendichte und daher mehr Wettbewerb der Stationen untereinander, eine größere Anzahl an Diskontern, und keine Gefahr von Preiskonkurrenz aus den Nachbarländern ergeben unter dem Strich günstigere Preise. Denn die östlichen Nachbarn Österreichs haben mehr oder weniger das gleiche Preisniveau oder sind nur geringfügig billiger, sodass sich eine Tankfahrt dorthin nicht auszahlt. Aber Achtung: Der Grundsatz des West-Ost-Gefälles gilt nur ganz allgemein. In jeder Region gibt es Stationen, die – billiger oder teurer als die Mehrheit – aus der Reihe fallen.

Um die günstigsten Angebot zu nützen, sind die Übersichten der Autofahrerclubs im Internet hilfreich. In Österreich bietet der ÖAMTC[21] aktuelle Preisübersichten von rund zwei Dritteln aller Tankstellen in allen Regionen an. Auswahlfunktionen von Bundesland, Postleitzahl, Ort und Spritsorte führen mit einigen Mausklicks zielgenau zum besten Anbieter in der unmittelbaren Nähe. Es ist auch bei der Pla-

nung von Reisen empfehlenswert, sich schon vorher über die Preissituation am Zielort zu informieren. Bei Auslandsreisen, wie zum Beispiel in den Italienurlaub, lohnt es sich meist, noch in Österreich voll zu tanken. Auch wenn die Anbieter versuchen, die Aktualität der Übersichten und somit die Transparenz des Marktes mit häufigen Preisänderungen zu unterwandern, so kann man mit dieser Methode doch im Lauf der Zeit eine oder mehrere Stammtankstellen herausfiltern, bei denen man sich einigermaßen darauf verlassen kann, dass sie zu den Günstigen gehören. Und somit dauerhaft sparen. Müssen die teuren Anbieter einen Umsatzrückgang verzeichnen, senken auch sie die Preise.
Nicht nur preisbewusstes Tanken schont die Brieftasche, sondern auch sparsamer Verbrauch. Sprit sparendes Fahren bedeutet vor allem vorausschauendes Fahren. Mit diesen Tipps können bis zu zwanzig Prozent des üblichen durchschnittlichen Kraftstoffverbrauchs eingespart werden:

- Nach dem Starten sofort losfahren: *Im kalten Zustand braucht jeder Motor mehr Sprit. Den Motor daher nicht warmlaufen lassen, sondern schonend bis zur Betriebstemperatur warm fahren.*
- Im höchstmöglichen Gang fahren: *Immer früh hoch und spät herunter schalten. Das Fahren mit hoher Motordrehzahl hebt den Spritverbrauch, deshalb sollte die Motordrehzahl während der Fahrt möglichst unter 2.000 U/min bleiben.*
- Vorausschauend und flüssig fahren: *Wer genügend Abstand zum vorderen Fahrzeug hält, ist sicherer unterwegs und kann Geschwindigkeitsunterschiede eleganter ausgleichen. Häufiges Bremsen und Gasgeben frisst Sprit.*
- Die passende Geschwindigkeit wählen: *Die meisten Autos haben den günstigsten Verbrauch zwischen 60 und 80 km/h im höchsten Gang. Bei zunehmender Fahrgeschwindigkeit nimmt der Verbrauch durch den steigenden Luftwiderstand zu.*

- Die Motorbremswirkung nutzen: *Die Motorbremse hat den Vorteil, dass man bergab und in Rollphasen gleichzeitig Bremsen schonend und Sprit sparend fährt. Man sollte die Motorbremse bei jeder Gelegenheit nutzen, zum Beispiel beim Annähern an eine rote Ampel.*
- Im Stand Motor abschalten: *Wenn man etwa vor einem geschlossenen Bahnübergang länger im Auto warten muss, sollte man den Motor abstellen. Ein Laufen am Stand verbraucht sinnlos Kraftstoff und belastet die Umwelt.*
- Dachträger nach dem Urlaub abmontieren: *Die Vorteile moderner, strömungsgünstiger Karosserien gehen durch Dachträger verloren und der Verbrauch steigt bei höheren Geschwindigkeiten bedeutend.*
- Reifendruck kontrollieren: *Der Luftdruck in den Reifen sollte öfters kontrolliert werden. Zu niedriger Druck lässt den Reifen schneller verschleißen und treibt den Spritverbrauch in die Höhe. Vor der großen Urlaubsfahrt und bei schwerer Beladung muss der Reifendruck bei den meisten Autos leicht angehoben werden.*
- Keine unnötigen Lasten »spazieren führen«: *Sprit spart, wer ab und zu das Auto entrümpelt und zum Beispiel einfach die Schneeketten im Sommer aus dem Kofferraum entfernt. Hundert Kilogramm Last können bis zu 0,6 Liter/100 Kilometer Mehrverbrauch ausmachen.*
- Klimaanlage & Co: *Klimaanlagen, Standheizung und andere Spritverbraucher nur wenn nötig einschalten.*
- Regelmäßig das Auto auf technisch einwandfreien Zustand überprüfen: *Ein verschmutzter Luftfilter, alte Zündkerzen oder eine fehlerhafte Elektrik reduzieren die Motorleistung und treiben den Verbrauch gewaltig in die Höhe. Bei Dieselmotoren führen verstellte Einspritzpumpen oder verschlissene Einspritzdüsen zu mehr Spritverbrauch. Deshalb mindestens einmal jährlich ein Service durchführen oder die Motoreinstellung überprüfen lassen.*

4.5. Spritverwirrung: Immer mehr Sorten

Früher war alles einfacher. Da gab es Diesel und Benzin, und das war Normalbenzin. Heute befinden wir uns in einer Phase starker Produktdifferenzierung. Dafür gibt es viele – mehr oder weniger gute – Gründe. Und dass sich aus der neuen Produktvielfalt auch wiederum einige Fragen zur Preispolitik der Anbieter ergeben, liegt auf der Hand.

4.5.1. Was ist los mit dem Diesel?

Bis zu drei Viertel der Österreicher haben sich bis vor kurzem beim Kauf eines neuen Autos für einen Diesel entschieden. Und zwar vor allem aus Gründen der Wirtschaftlichkeit, weil der Diesel bei gleicher Fahrleistung erstens weniger verbraucht als der Benziner und zweitens der Literpreis billiger war. Unter dem Strich war das auch für jene wirtschaftlich, die nicht zu den Vielfahrern zählen. Dazu kam das angenehme Gefühl, auch der Umwelt etwas Gutes getan zu haben. Denn der Dieselmotor produziert weniger Schadstoffe, das war jedenfalls bis vor kurzem die gängige Argumentation. Heute hat etwa die Hälfte aller in Österreich zugelassenen Autos einen Dieselmotor. Und Lastkraftwagen ohnehin alle.
Dann kam der Ruß und mit ihm eine erste Woge der Entrüstung gegen den Diesel. Was bis etwa 2004 kaum der Erwähnung für Wert befunden wurde, war ab sofort Schadstoff Nummer eins. Panikgespickte Berichte und Studien versuchten plötzlich, die Dieselfahrer für Tausende Tote pro Jahr verantwortlich zu machen. Politik und Wirtschaft haben aber rasch und vernünftig reagiert. Anstatt die Aufregung weiter zu schüren, wurden in Windeseile Partikelfilter in neue und manchmal sogar in alte Autos eingebaut. Und damit die Vermeidung von Rußpartikeln aus dem Verkehr in der Atemluft

rasch umgesetzt wird, haben Staaten, Länder und Gemeinden steuerliche Anreize für entsprechende Maßnahmen gesetzt. Aber kaum war das Ruß-Problem gelöst, stöhnten wir schon unter dem weltweiten Klimawandel, der, ausgelöst von zu viel an Kohlendioxid in der Atmosphäre, als Hauptverursacher wiederum – nicht nur, aber auch – dem Diesel (aber jedenfalls dem Verkehr) zugeschrieben wird. Gute Gründe also aus Sicht der Politik, die Steuerschraube etwas anzuziehen. Denn damit, dass so viele Autofahrer am günstigen Dieselpreis mitnaschen wollten, der ursprünglich wegen seiner fast ausschließlichen Verwendung in Transportgewerbe und Landwirtschaft, die damit unterstützt werden sollten, geringer besteuert war als Benzin, hatte bis in die 1980er Jahre niemand gerechnet. Der immer wiederkehrenden gleichen Reaktion der Politik auf die Verbreitung bestimmter Technologien werden wir uns im Kapitel über alternative Antriebsarten noch genauer widmen. Die Geschichte zeigt jedenfalls, dass viele Alternativen, weil vorerst unbeachtet und daher billig, sofort mit neuen und höheren Steuern belegt werden, sobald sie von einer größeren Zahl an Verbrauchern angewendet werden. Dass es nun so viele Dieselfahrer gibt, signalisiert dem Fiskus, dass sich eine weitere Steuerquelle aufgetan hat.
Es gibt mittlerweile mehr Nachfrage nach Dieselkraftstoff als auf dem Markt angeboten wird, weil nicht nur immer mehr Autos mit Diesel fahren, sondern auch der Schwerverkehr zunimmt und immer mehr verbraucht (und wann immer es möglich ist, in Österreich tankt → vgl. Tanktourismus). Die Raffinerien müssen mehr investieren, um einen größeren Anteil an Diesel aus dem Rohöl herauszuholen, oder zukaufen. Die seit 2005 bestehende Verpflichtung, Biosprit beizumischen, wird von vielen ebenfalls für den Preisauftrieb mitverantwortlich gemacht. Und in dieser Situation kam es dann als Höhepunkt dieser für Dieselfahrer so negativen Entwicklung auch noch auf den Fertigproduktmärkten zu einer Trendumkehr: Die Produktpreise am Spotmarkt waren ab Herbst 2007 plötzlich für Diesel

regelmäßig höher als für Benzin, während es bis dahin immer umgekehrt war. Eine verstörende Entwicklung, die mit den üblichen Argumenten nur mäßig erklärt werden kann. Aber ein deutlicher Auftrag an die Regierenden, Diesel zumindest steuerlich in Ruhe zu lassen und an eine Angleichung der Mineralölsteuersätze an jene höheren von Benzin nicht einmal zu denken.

4.5.2. Hilfe, man will uns das Normalbenzin wegnehmen!

Gleich vorweg: Alles nicht so schlimm. Es gibt gute Ausweichmöglichkeiten und wir werden sehen, dass uns diese nicht unbedingt teurer kommen müssen.
Über Jahrzehnte war Benzin gleichzusetzen mit Normalbenzin (91 Oktan). Andere Sorten gab es nicht, Benzin war ein so genanntes »homogenes« Produkt. 1955 wurde zusätzlich die höhere Qualität Superbenzin mit 98 Oktan eingeführt. Heute nennen wir diese Sorte »Super plus«, damit es nicht zur Verwechslung mit »Superbenzin« kommt. Das hat 95 Oktan und ist in anderen europäischen Ländern ebenso wie in Österreich die am meisten verwendete Sorte. Es wurde 1985 erstmals, anfangs noch unter dem Namen »Eurosuper«, als bleifreie Qualität angeboten, was im Zuge der Einführung der Katalysatorpflicht für Benziner notwendig geworden war.
Mit diesen drei Benzinsorten konnten wir bis vor wenigen Jahren recht gut auskommen. Für jedes Auto, ob alt oder neu, wurde der passende Kraftstoff angeboten. Doch der Verkauf homogener Produkte ist für die Anbieter immer ein Problem. Die Preise lassen wenig Spielraum, und die Unternehmen haben Schwierigkeiten, sich zu einer unverwechselbaren Marke zu entwickeln, wenn das Benzin bei der rot-weiß gestreiften Tankstelle A dasselbe ist wie bei der blau gestrichenen Tankstelle B. Produktdifferenzierung musste eingelei-

tet werden. Wir kennen diese Entwicklung auch aus anderen Branchen. Milch ist nicht mehr einfach nur Milch, sondern es gibt fettarme Milch, länger haltbare Milch, Sojamilch und viele Sorten mehr. Auch die unterschiedlichen Brotsorten sind heute kaum mehr zu zählen. Für diese verschiedenen Sorten kann nun jeweils ein anderer – natürlich höherer – Preis als für das einfache Produkt verlangt werden. Einerseits, weil die Produktionskosten durch aufwändigere Zutaten und Verfahren nicht mehr nachvollziehbar sind. Andererseits, weil es der Markt schlicht und einfach »hergibt« und wir durchaus bereit sind, für Spezialitäten mehr zu bezahlen.

Neben dem herkömmlichen Sprit gibt es seit etwa 2004 an den heimischen Tankstellen immer wieder neue Diesel- und Benzinsorten, die deutlich teurer sind, aber – so versprechen zumindest die Anbieter – mehr leisten sollen. Ein Langzeittest[22] hat besonderes Augenmerk auf die Abgase, den Kraftstoffverbrauch und die Leistung gelegt. Das Ergebnis: Bei den getesteten Fahrzeugen haben sich tatsächlich Verbesserungen eingestellt. Die Motorleistung erhöhte sich um bis zu 4,5 Prozent, hingegen verringerte sich der Kraftstoffverbrauch um bis zu vier Prozent. Bei den Schadstoffemissionen (Stickstoff, Partikel) gab es uneinheitliche Ergebnisse. Prinzipiell kann jedes Auto die neuen Sorten tanken, technische Bedenken bezüglich Verträglichkeit gibt es keine. Aber obwohl die Kraftstoffe die Versprechungen der Hersteller weitgehend einhalten, rechnet sich der Mehrpreis im Verhältnis zum geringeren Verbrauch kaum. Wem sein Geldbeutel näher ist als die für den Normalfahrer kaum bemerkbaren Leistungszuwächse, der kann getrost beim herkömmlichen Sprit bleiben. Aber Achtung: Wer nicht genau hinsieht, greift manchmal unabsichtlich oder unwissentlich zur teureren Spritsorte. Von den Tankstellenketten ist daher, wie so oft, mehr Transparenz gefordert, damit die Kunden bei der vergrößerten Produktpalette genau wissen, was sie tanken.

Zusammen mit den verschiedenen Beimischungsquoten von Biosprit

– von null bis zu »pur« sind alle Prozentsätze möglich und werden teilweise auch schon angeboten – ist die Zahl der Kraftstoffsorten mittlerweile so groß geworden, dass die Mineralölfirmen langsam überlegen müssen, wie sie Platz an den Tankstellen schaffen können, weil immer mehr Zapfsäulen benötigt werden. Da bietet sich die Sorte Normalbenzin an, die nur mehr von einigen Prozent der Benzinautobesitzer nachgefragt wird. Zudem handelt es sich überwiegend um ältere Fahrzeuge, denn bei Neuwagen wird seit vielen Jahren von den Herstellern die Verwendung von Superbenzin empfohlen.

Der übliche Preisunterschied zwischen Normal- und Superbenzin wird durch die unterschiedliche Qualität ausgeglichen. Superbenzin als höherwertiger Kraftstoff verfügt auch über einen entsprechenden höheren Energieinhalt. Uns das heißt, dass man mit dem gleichen Tankvolumen Superbenzin, für das man mehr bezahlt hat, auch länger fährt. Unter dem Strich ein Nullsummenspiel. Daher wäre die Auflassung von Normalbenzin eigentlich kein Problem. An die Mineralölwirtschaft ist der Vorwurf zu richten, dass sie ihre Kunden über diese Tatsachen nicht informiert, sondern stattdessen versucht, über eine für viele unverständliche Preispolitik die wenigen verbliebenen Normalbenzinfahrer zum Superbenzin zu zwingen. Und zwar dadurch, dass seit etwa Herbst 2007 viele Tankstellen exakt denselben Preis für die beiden Sorten verlangen. Seltsam, nicht? Das ist so, als würde im Supermarkt Schankwein im Tetrapack gleich viel kosten wie sortenreiner Jahrgangswein. Als Konsument greift man natürlich zum besseren Produkt, und fühlt sich trotzdem irgendwie unbehaglich. Ist nun das höherwertige Produkt billiger geworden oder wird das billigere überteuert verkauft?

Vielleicht hilft ein Blick in unser Nachbarland weiter. Normalbenzin wird fast nur mehr in Österreich und Deutschland angeboten – übrigens ein weiteres Indiz für die mögliche Abschaffung. Während die deutschen Mineralölfirmen aber mehr oder weniger offen über das Auflassen der Sorte diskutieren und die Preisangleichung zwischen Normal- und Superbenzin wegen des besser funktionierenden Wettbewerbs zu einer Preisentwicklung beider Sorten nach unten geführt hat, beharren die Anbieter in Österreich darauf, Normalbenzin so lange führen zu wollen als es noch Nachfrage gibt. Gleichzeitig gehen die Preise nach oben, so wie die Oktanzahlen übrigens auch.

4.5.3. Biosprit: gut oder böse, teuer oder billig?

Biosprit ist gut, weil:

- *damit kein Kohlendioxid (CO_2) aus dem Auspuff emittiert wird;*
- *die Grundstoffe (Getreide, Zuckerrüben) im Inland wachsen;*
- *die heimische Landwirtschaft einen neuen, festen Absatzmarkt gewinnt;*
- *wir ein Stück Unabhängigkeit vom Erdöl und weiteren Importen erlangen können.*

Biosprit ist böse, weil:

- *weder die Gesamtenergiebilanz noch die CO_2-Bilanz von Produktion und Verbrauch unter dem Strich einen Vorteil ergibt;*
- *die inländische Produktion für die zu erwartenden Mengen nicht ausreicht;*
- *Importe aus teils problematischen Herkunftsländern (Stichwort: Gentechnik) dem Grundsatz der nachhaltigen Produktion entgegenstehen;*
- *Regenwald zerstört und Nahrungsmittel »verheizt« werden.*

Auch im Kapitel zu den Umweltfragen rund um das Automobil werden wir dem Thema Biosprit noch einmal begegnen. An dieser Stelle geht es darum, wie viel uns die Beimischung kostet. Die Europäische

Union hat sich für alle Mitgliedsländer zum Ziel gesetzt, dass bis zum Jahr 2020 ein Anteil von zehn Prozent vom insgesamt verbrauchten Kraftstoff biogener Art sein sollte. Die entsprechende Richtlinie hatte mehr den Charakter einer Empfehlung, da für das Nichterreichen des Ziels keine Konsequenzen vorgesehen waren. Österreich hat aber, wie so oft, eine Vorreiterrolle einnehmen wollen und sich als eines der ersten Länder sehr ambitionierte nationale Ziele gesetzt. Umgesetzt wurde die erste Stufe per 1. Oktober 2005. Ab diesem Zeitpunkt sollte in jedem Liter Diesel 2,5 (seit Oktober 2007 4,3) Prozent Bioanteil enthalten sein. Jeder Liter an der Tankstelle, der diesen Mindesterforderungen genügte (und zusätzlich schwefelfrei war), konnte mit einer Mineralölsteuerminderung von 2,8 Cent (brutto 3,36 Cent) rechnen. Damit, so hatte sich die Politik ausgerechnet, würden die Mehrkosten der Mineralölwirtschaft für die Beimischung ausgeglichen werden und die Konsumenten preislich nichts von der Veränderung der Kraftstoffqualität spüren. Leider haben Preisbeobachtungen schon nach wenigen Tagen bewiesen, dass die Nettopreise in einer Größenordnung von etwa zwei Cent pro Liter angehoben wurden. Ein Zusammenhang mit der neuen Biobeimischung wurde seitens der Mineralölwirtschaft, wenn auch halbherzig, in Abrede gestellt. Aber man hatte aus der medialen Berichterstattung und der Kritik der Autofahrer gelernt. Bei der zweiten Stufe, der Beimischung nun auch bei Benzinen ab Oktober 2007, waren schon im Vorfeld Befürchtungen über eine neuerliche Preiserhöhung zu hören. Aber siehe da, eine solche war diesmal nicht nachzuweisen. Erst jetzt im Nachhinein, beim Vergleich der Nettopreise in allen EU-Mitgliedsländern über einen längeren Zeitraum, sind unerklärliche Preisspitzen in Österreich zu erkennen, während in den anderen Ländern der Preisverlauf in den Monaten September und Oktober 2007 eher unspektakulär aussieht. Ein Zufall?
Sollten die vorerst nur in politischen Absichtserklärungen bekundeten Pläne einer erhöhten, zehnprozentigen Beimischungsquote für

alle Kraftstoffe tatsächlich umgesetzt werden, dräut eine weitere Kostenbelastung für viele Autofahrer heran. Vor allem trifft es in erster Linie genau jene, die noch ein älteres Autos fahren, weil sie sich kein neues leisten können oder wollen. Da etwa zehn Prozent der Autos im Bestand die hohe Beimischungsquote nicht vertragen – vor allem Kunststoffleitungen reagieren fatal – muss eine der vielen Benzinsorten als Bestandsschutzsorte weiterhin mit maximal fünf Prozent Bioanteil angeboten werden. Und das würde aller Voraussicht nach das teure Super plus sein. Mehrkosten von etwa zehn Cent pro Liter inklusive.

4.5.4. Pflanzenöl, Erdgas & Co – die Alternativen?

Alternativ ist nicht gleich alternativ. Der Überbegriff der »alternativen Antriebsart« wird leider häufig missverständlich gebraucht, was die Diskussionen darüber nicht vereinfacht. Immerhin war Benzin oder Diesel auf Erdölbasis ein Jahrhundert lang der übliche Kraftstoff für Autos. Suchen wir nun nach Alternativen zu den fossilen Kraftstoffen, um nicht langfristig weiterhin vom Erdöl abhängig sein zu müssen, dann kommen folgende in Frage: Pflanzenöle und deren (durch weitere Verarbeitung gewonnene) Ableger Biodiesel und Biobenzin; Biogas; Brennstoffzelle beziehungsweise Wasserstoffantrieb, oder Elektroauto mit Solarantrieb. Meinen wir hingegen mit »alternativ« neue Kraftstoffe und Motorenkonzepte als Ergänzung oder Ersatz unseres bisher gewohnten Otto- oder Dieselkraftstoffs, dann müssen wir auch Erdgas und gemischte Varianten mit einbeziehen – durchaus auch, aber eben nicht ausschließlich fossil.
Praktikabler scheint eine Zuordnung der Alternativen nach deren potenzieller Massentauglichkeit. Dann scheiden Begriffe wie Wasserstoff, Brennstoffzelle und Solarenergie vorerst aus. Selbstverständlich wird in alle diese Richtungen heftig geforscht und

entwickelt, und das ist auch gut so. Aber von der Alltagstauglichkeit sind diese Konzepte noch weit entfernt. Als interessierte Autofahrer können und sollen wir Berichte darüber lesen und uns mit diesen Fragen beschäftigen. Bei der Entscheidung für den nächsten Autokauf werden sie jedoch de facto noch keine Rolle spielen.
Manche der »Alternativen«, wie Erdgas und Biogas, sowie flüssige Biokraftstoffe aller Art bis hin zu den neuesten Generationen sind bereits heute alltagstauglich, genauso wie gemischte Antriebsarten (Hybridautos). Warum werden sie trotzdem noch so wenig nachgefragt?
»Ja, ich beobachte die aktuelle Berichterstattung zum Klimaschutz«, antworteten 94 Prozent der Befragten in einer kürzlich angelegten Studie[23]. Im Lichte der Klimadiskussion nehmen vor allem erdgasbetriebene Fahrzeuge einen wichtigen Stellenwert ein. Sie verursachen kaum Feinstaub, und die CO_2- und NO_x-Emissionen sind niedrig. Auf EU-Ebene wird im Straßenverkehr bis 2020 ein Erdgasanteil von zehn Prozent angestrebt. Eines der größten Probleme bisher sind die geringen Reichweiten und damit die fehlende Akzeptanz. Eine Akzeptanzanalyse zum Thema Erdgasauto zeigt deutlich, dass die Konsumenten alternative Antriebe zwar für äußerst wichtig halten, aber viele Bedenken gegen den Kauf sprechen. Von »Alternative Antriebe sind momentan nicht unsere finanzielle Klasse« bis zu »Ich habe noch zu wenig Vertrauen in die Technik« lauten die Einwände. Bei Erdgasantrieben liegen die Bedenken neben der geringen Reichweite vor allem bei einem dünnen Tankstellennetz, höheren Anschaffungskosten, der Endlichkeit von Erdgas und einem befürchteten Sicherheitsrisiko bei Betankung und Betrieb. Den Kundenängsten stehen die Argumente der Experten gegenüber: Billiger als vermutet, variabel in den Kraftstoffen (fossiles und regeneratives Erdgas) und sicher in der Anwendung.
Während Benzin und Diesel stetig teurer werden, bleibt Erdgas – noch – einigermaßen konstant im Preis. Hauptgrund: Die geringe

Besteuerung. Der Betrieb eines Erdgasfahrzeuges lohnt sich also immer schneller. Dem gegenüber stehen Mehrkosten in der Anschaffung. Da die Produktionszahlen von Erdgasfahrzeugen immer noch gering sind, muss bei der Neuanschaffung gegenüber einem gleichwertigen Dieselfahrzeug mit einem Mehrpreis, je nach Modell, zwischen 500 und 2.000 Euro gerechnet werden. Nach etwa 15.000 gefahrenen Kilometern gleichen sich die Mehrkosten der Anschaffung mit den geringeren Tankkosten aus, die im Vergleich zum Diesel um bis zu 30 Prozent und gegenüber dem Benziner um bis zu 50 Prozent günstiger sind.

Die Vorteile von Erdgasautos auch einen Blick:

- *Erdgas ist emissionsarm*
- *Rauch und Russ werden auf ein Minimum reduziert*
- *Der Motor läuft besonders ruhig*
- *Der Motor ist leiser als Diesel- und Benzinaggregate*
- *Erdgas kann sehr hoch verdichtet werden – das steigert die Leistung*
- *Erdgas ist kostengünstiger*
- *Erdgas begünstigt das Erreichen der EU-5-Emissionsrichtlinien*

Den Bedenken wegen der geringeren Reichweite kann entgegengehalten werden, dass die Versorgung mit Erdgastankstellen sowohl in Österreich als auch in den Nachbarländern Deutschland und Italien gut ist und weiter ausgebaut wird. Außerdem sind die meisten Erdgasautos ohnehin so genannte bivalente Modelle: Sie können im Fall des Falles auch einmal mit herkömmlichem Kraftstoff betrieben werden.

Die große Frage bleibt, wie so oft, das Vertrauen der Autofahrer in die Politik. Wird Erdgas weiterhin steuerlich begünstigt bleiben? Denn nur dann zahlt sich der Umstieg wirklich aus. Eine Garantie dafür ist bisher ausgeblieben. Leider wissen wir aus Beispielen der Vergangenheit, dass der Finanzminister zuschlägt, sobald sich eine kostengünstige Variante auf dem Markt durchgesetzt hat. Das in den 1970er Jahren eine Zeitlang sehr beliebte Flüssiggas etwa wurde, kaum über das Stadium eines Nischenproduktes hinaus, bald durch eine schlichte Steuererhöhung wieder in die Bedeutungslosigkeit geschickt.

Zwei weitere, durchaus praktikable Beispiele an »Gemischt-Alternativen« seien an dieser Stelle noch genannt: Hybridantrieb und Flex-Fuel.

Der Hybridmotor vereint, kurz gesagt, die Vorteile eines Dieselfahrzeuges mit jenen des Elektromotors. Während man auf herkömmlicher Diesel-Basis fährt, lädt sich gleichzeitig der Akku des Elektromotors auf. Hat er ausreichend »Saft«, so schaltet der Betrieb automatisch auf den geräuschlosen und emissionsfreien Elektroantrieb um. Der Vorteil kann vor allem im Stadtverkehr ausgespielt werden. Trotzdem sind bis heute noch nicht einmal ein Prozent der Pkw in Österreich solche mit Hybridantrieb. Die hohen Anschaffungskosten und eine gewisse Skepsis, weil die Technologie noch in den Kinderschuhen steckt, machen die Konsumenten vorsichtig. Wobei die Frage, was bei stärkerer Verbreitung später mit den vielen Batterien geschehen soll, noch ungeklärt ist.

Flex-Fuel ist ein Motorenkonzept, das vor allem im skandinavischen Raum bereits weit verbreitet ist. Es handelt sich um Motoren, die mit einem Kraftstoff fahren können, der bis zu 85 Prozent Bioanteil enthält. Im Notfall, wenn dieser Kraftstoff – das »E85« oder korrekter »Ethanol« – nicht erhältlich ist, kann man auch ganz normalen Kraftstoff tanken. Nachteil: Der höhere Anschaffungspreis, eine (noch) geringe Modellvielfalt, und die eher schleppende Einführung des passenden Kraftstoffs in Österreich. Sollten ihn nach ersten Plänen bis Anfang 2008 schon rund 100 Tankstellen anbieten, sind es tatsächlich bis heute noch nicht einmal zehn Stationen.

Was allen genannten Ideen gleichermaßen fehlt, ist die konsequente Unterstützung der Politik. Und zwar handfest und nicht nur in Sonntagsreden. Beispiele aus der Vergangenheit haben uns gelehrt, dass finanzielle Anreize in Form von Zuschüssen zum Neukauf für eine rasche Verbreitung gewünschter Technologien sorgen. Und Garantien, bestehende Steuerbegünstigungen der neuen Kraftstoffe zumindest für einen bestimmten Zeitraum aufrecht zu halten, würden vielen Autokäufern eine solide Kalkulation der Amortisation solcher Fahrzeuge ermöglichen. Niemand will doch heute freiwillig mehr Geld für höhere Anschaffungskosten eines Alternativ-Autos ausgeben, um vielleicht dann doch nach kurzer Zeit wiederum bei den Tankkosten die Melkkuh spielen zu müssen!

5.

Maut – das neue Raubrittertum?

»Nur dazu legt man Burgen an, damit man würgt den armen Mann« – dieses Zitat von Freidank, einem mittelhochdeutschen Dichter aus dem 12. Jahrhundert,[24] würden wohl viele Autofahrer unterschreiben, wenn sie an einer Mautstelle stehen. Ist es nicht dasselbe Prinzip? Die so genannten Raubritter des Mittelalters, verarmt im Übergang von der Natural- zur Geldwirtschaft, spannten zwecks Einkommensbeschaffung Ketten über Flüsse, Brücken oder Straßen, um durchziehenden Reisenden einen Wegezoll abzuknöpfen. In den Grundherrschaften hatten die Einwohner und Kaufleute ihren regelmäßigen Obolus an den jeweiligen Grundherrn abzuliefern, damit sie seine Straßen benutzen durften. Heute haben wir natürlich zeitgemäße Bezeichnungen für dieselben Strukturen. Ersteres nennen wir Streckenmauten, das andere Vignette. Der Grundherr ist der Staat beziehungsweise sein Gehilfe, die ASFINAG[25]. Auch die Begründungen klingen moderner: Nutzungsgebühren, Verursacherprinzip und Kostenwahrheit sind die Schlagworte, mit denen immer weitere Forderungen an die Autofahrer gerechtfertigt werden sollen.

Dass wenigstens diese Mittel zweckgebunden für Ausbau und Erhaltung des Straßennetzes verwendet werden müssen – im Gegensatz zu allen anderen Steuern und Abgaben aus dem Straßenverkehr, die in das allgemeine Budget fließen – ist nur ein schwacher Trost. Auch diese Aufgabe hatten die Herrscher des Mittelalters schon zu erfüllen. So wurden beispielsweise die Burgherren der wunderschön am rechten

Donauufer der Wachau gelegenen Burg Aggstein, die Kuenringer, mit der Übergabe des Mautrechts zugleich verpflichtet, die Donauschifffahrt mittels Erhaltung der Treppelwege zu sichern (auch Treidelpfad genannter Arbeitsweg unmittelbar am Flussufer, der angelegt wurde, damit Menschen und Zugtiere die hölzernen Frachtschiffe flussaufwärts ziehen konnten). Dass sie im Lauf der Zeit dazu übergingen, gleich ganze Schiffe auszurauben, ist eine andere Geschichte. Aber die Verpflichtung des Wegehalters, im Gegenzug für die Mautzahlungen die Benutzbarkeit der Wege zu garantieren, besteht noch heute.

Dabei hatten wir dieses Prinzip des Wegezolls schon lang überwunden geglaubt. Im modernen Wirtschaftsgefüge zahlen die Einwohner Steuern und Abgaben aller Art in den allgemeinen Budgettopf ein, aus dem die öffentliche Hand die notwendigen Ausgaben für das Wohl der Bevölkerung finanziert. Dazu gehören in erster Linie das Gesundheitssystem, die Bildung und die Infrastruktur. Das Verursacherprinzip »wer der Allgemeinheit Kosten verursacht, soll auch selbst dafür aufkommen« als Gegensatz zu den gemeinwirtschaftlichen Aufgaben hat zwar durchaus seine Berechtigung, wenn es darum geht, Kostenbewusstsein zu schaffen. Es darf aber nicht überstrapaziert werden. Denn wer heute fordert, jeden gefahrenen Kilometer extra zu vergebühren, braucht sich nicht zu wundern, wenn er morgen wieder Schulgeld für seine Kinder bezahlen muss oder ihm jeder Arztbesuch mit den tatsächlichen Kosten verrechnet wird. Und noch ein gewichtiger Grund spricht gegen die unmittelbare Umsetzung des Verursacherprinzips im Verkehr: Es fehlt die Wahlfreiheit. Da die Straßeninfrastruktur nur ein einziges Mal existiert, kann es keinen freien Wettbewerb verschiedener Anbieter wie bei den Konsumgütern geben. Und wenn ein monopolistischer Anbieter Gebühren einhebt, dann ist deren Gestaltung de facto grenzenlos.

Die Finanzierung von gemeinwirtschaftlichen Leistungen aus dem kollektiven Steuergeldtopf ist letztlich eine der Errungenschaften moderner Wirtschaftspolitik, mit der die direkte Bezahlung jeder

Einzelleistung durch ein Solidarprinzip abgelöst wurde. Was noch lang nicht bedeutet, dass jede Person für alle anderen automatisch mitbezahlen muss. Eine Differenzierung kann bei bestimmten Aufgaben mit dem Instrument der Zweckbindung geschaffen werden. Die Einnahmen aus der Mineralölsteuer, die bei jedem Tankvorgang von den Autofahrern, aber eben nur von diesen, eingehoben wird, mussten bis 1987 zweckgebunden für Bau und Erhaltung des österreichischen Straßennetzes ausgegeben werden. Damit konnten mehrere Ziele erfüllt werden: Das Verursacherprinzip, weil die Nutzer der Straßen selbst dafür bezahlt haben, aber gleichzeitig auch das Solidarprinzip, weil die Gemeinschaft der Straßenbenutzer diese finanziert hat und nicht jeder Einzelne für jede Fahrt extra zur Kasse gebeten wurde. Warum wir daher seit 1997 mit einer zusätzlichen Maut in Form der »Vignette« nochmals dafür zahlen müssen – und noch weit wildere Ideen eines zukünftigen Road-Pricing-Systems angedacht werden – hat einen einzige Grund: Der Staat wollte und will unser Mineralölsteuergeld für andere Dinge verwenden. Die Autofahrer zahlen für die Allgemeinheit mit – und nicht umgekehrt!

5.1. Was wir jetzt schon zahlen

5.1.1. Die Vignette

Die Autobahnvignette, die Mauvignette oder schlicht »die Vignette« genannt – fast jeder österreichische Autofahrer und jeder Tourist, der mit seinem fahrbaren Untersatz in Österreich auf Urlaub war, hat schon ihre Bekanntschaft gemacht: Ein bunt schillernder Aufkleber, hinter der Windschutzscheibe angebracht, berechtigt den Lenker des Fahrzeugs zur Benützung von Autobahnen und Schnellstraßen in einem bestimmten Zeitraum gegen Entgelt.

Die Geschichte der Vignette ist eine typisch österreichische: Aus budgetären Nöten, verbrämt mit pseudo-verkehrswirtschaftlichen Rechtfertigungen, wurde ein gesetzlich festgeschriebenes Provisorium geschaffen und nach einiger Zeit als Dauerzustand hingenommen. Nochmals zur Erinnerung: Bis 1987 waren die Einnahmen aus der Mineralölsteuer zweckgebunden für Bau und Erhaltung der Bundesstraßen zu verwenden. Dann wurde die Zweckbindung aufgehoben. Obwohl die Autofahrer weiterhin Mineralölsteuer in beträchtlicher Höhe (2008 mehr als vier Milliarden Euro!) bezahlten, wurde immer weniger davon aus dem allgemeinen Bundesbudget für die Straßenerhaltung verwendet. Jahr für Jahr stieg der Schuldenberg. Gleichzeitig stand der Beitritt Österreichs zur Europäischen Union vor der Tür, und es war klar, dass mit den enorm hohen Staatsschulden die Maastricht-Kriterien[26] nicht zu erfüllen waren. Mit der nun folgenden Konstruktion konnten mehrere Fliegen auf einen Streich erschlagen werden.

Ein Bundestraßenfinanzierungsgesetz sah vor, dass Pkw (genauer: Kraftfahrzeuge bis zu einem höchstzulässigen Gesamtgewicht von 3,5 Tonnen) vorerst mit einer zeitabhängigen Maut und Lkw (Kraftfahrzeuge mit mehr als 3,5 Tonnen) mit einem kilometerabhängigen Road-Pricing-System belastet werden sollten. Die Straßenbauschulden wurden in die gleichzeitig neu gegründete ASFINAG ausgelagert, um einem einigermaßen, zumindest kriteriengemäß ausgeglichenen Budget nicht im Wege zu stehen. Die ASFINAG erhielt im Gegenzug die Einnahmen aus den neuen und alten Mauten, um die Straßeninfrastruktur auszubauen und zu erhalten, und haftet auch in einem gewissen Rahmen für deren ordnungsgemäßen Zustand. (Wir erinnern uns an dieser Stelle kurz an die Kuenringer). Das bedeutet bis heute: Die Mauten bezahlen wir nicht direkt an den Staat, sondern an die ASFINAG. Diese befindet sich natürlich in einer zwiespältigen Rolle. Einerseits will und muss sie wie ein privatwirtschaftlich geführtes Unternehmen agieren, also eigene Einnahmen lukrieren, um ihre Aufgaben erfüllen zu können. Andererseits steht sie zu 100 Prozent im Eigentum des Staates (unter Federführung des Verkehrsministers) und ist damit an politische Vorgaben gebunden. Aber abgesehen von Detailfragen der Organisation und Finanzierung, die sich auch künftig immer wieder stellen werden – so wird etwa darauf zu achten sein, dass es zu keinerlei Querfinanzierungen anderer Verkehrsträger aus Autofahrergeldern kommt –, spricht grundsätzlich vieles für das Bestehen einer solchen Institution. Nicht umsonst gilt das »Prinzip ASFINAG« in anderen Ländern, wie zum Beispiel Deutschland, als Vorbild für eine Neuordnung der Infrastrukturfinanzierung.

Die Vignette wurde also 1997 eingeführt. Um damals noch 550 Schilling konnte man eine Jahresvignette kaufen (mit einer tatsächlichen Gültigkeit von 14 Monaten: vom 1. Dezember des Vorjahres bis zum 31. Jänner des Folgejahres der aufgedruckten Jahreszahl), die das Auto, unter dessen Windschutzscheibe sie klebt, berechtigt, auf Autobahnen und Schnellstraßen zu fahren. Nicht zuletzt auf Drängen der EU mussten auch unterjährige Vignetten angeboten werden, und zwar für zwei Monate beziehungsweise zehn Tage Gültigkeitszeitraum. Straßenstücke, auf denen ohnehin bereits Streckenmaut zu bezahlen war, wurden freundlicherweise von der Vignettenpflicht ausgenommen (man kommt aber ohne Vignette praktisch nicht hin). Im Jahr 2001 wurde der Vignettenpreis beinahe verdoppelt, wobei wiederum versucht wurde, die Teuerung in der Währungsumstellung zu verstecken. Und erst kürzlich gab es einen Vorstoß für eine weitere massive Verteuerung. Da hatten die zuständigen Politiker wohl schon jene des Jahres 2001 vergessen, denn als Begründung sollte die »Inflationsanpassung« herhalten. Als der ÖAMTC vorgerechnet hat, dass mit dem aktuellen Preis schon die Inflation bis zum Jahr 2040 vorausbezahlt ist, begnügte man sich schließlich mit einer minimalen Erhöhung, die zum aktuellen Preis von 73,80 Euro führte. Aber sogar dabei wurden die Verantwortlichen am falschen Fuß erwischt: Bei der Untersuchung der hohen Inflationsraten 2008 wurde als einer der großen »Preistreiber« der Staat mit seinen Gebühren lokalisiert. Weitere Preiserhöhungen müssten daher ab sofort ausgesetzt werden, wollen nicht genau jene Politiker, die sich um das Wohl der Gesamtwirtschaft kümmern sollten, selbst für das weitere Anheizen der Inflation verantwortlich sein.

Bis dato gelten folgende Vignettenpreise (2008):

Mehrspurige Kfz bis 3,5 t:	
Zehn-Tages-Vignette:	7,70 €
Zwei-Monats-Vignette:	22,20 €
Jahres-Vignette:	73,80 €
Motorräder:	
Zehn-Tages-Vignette:	4,40 €
Zwei-Monats-Vignette:	11,10 €
Jahres-Vignette:	29,50 €

Ohne gültige Vignette sollte man sich auf Autobahnen oder Schnellstraßen nicht erwischen lassen, denn die Strafen sind hoch und sogar eine Anzeige ist möglich. Im günstigsten Fall kommt man mit einer Ersatzmaut von 120 Euro davon. Wer nicht sofort zahlen will, muss mit einer Anzeige und einer Geldstrafe von mindestens 300 Euro, schlimmstenfalls bis zu 3.000 Euro rechnen.
Eine Gruppe von Kraftfahrern hatte man von Anfang an völlig vergessen: Die Wechselkennzeichenbesitzer. Denn die Vignette ist fahrzeugbezogen und muss daher für jedes einzelne Fahrzeug, mit dem man das hochrangige Straßennetz befahren will, extra gekauft werden. Da man aber nie mit den Fahrzeugen, die auf Wechselkennzeichen angemeldet sind, gleichzeitig fahren kann, bezahlen deren Besitzer mehrfach. Der dringende Wunsch nach einer positiven Lösung wird seit Jahren hartnäckig vor allem mit einem Argument vom

Tisch gewischt: Man könnte die Wechselkennzeichenregelung überhaupt abschaffen. Das wäre aber ein noch härterer finanzieller Schlag für die Betroffenen, denn das Wechselkennzeichen bietet Vorteile bei Versicherung und Kraftfahrzeugsteuer. Daher wird weiterhin nach einer einvernehmlichen Lösung gesucht, die zum Beispiel in einer »Mehrfachvignette« mit einem unwesentlich höheren Pauschalpreis für alle Fahrzeuge zusammen bestehen könnte. Praktikable Vorschläge gibt es bereits genug, noch fehlt der politische Wille zur Umsetzung.
Rund 340 Millionen Euro pro Jahr geben die österreichischen Autofahrer für die Vignette aus. Und eigentlich müsste sie gemäß jeder Finanzierungslogik – an Mineralölsteuern bezahlen wir ohnehin ein Vielfaches an nutzungsabhängigen Abgaben – sofort abgeschafft werden. Aber dann droht »Road Pricing«. Damit käme alles noch schlimmer.

5.1.2. Streckenmauten

Während die Vignette erst 1997 eingeführt wurde, gibt es Mauten für ganz bestimmte Streckenabschnitte schon so lange, dass uns die Doppelgleisigkeit – Generalmaut einerseits, Spezialmaut andererseits – oft gar nicht mehr bewusst ist. Zwei Arten von Streckenmauten sind zu unterscheiden:

- Die »Sehenswürdigkeiten«: *Dabei handelt es sich um Aussichtsstraßen, meist Alpenpässe oder andere Bergstraßen, für deren Erhaltung vom Betreiber Maut eingehoben wird. Bekannte Beispiele sind etwa die Großglockner-Hochalpenstraße, der Gerlos-Pass oder die Nockalmstraße, es wird aber auch für etliche andere Bergstrecken Maut eingehoben. Die Preise sind meist moderat und werden von den touristisch interessierten Autofahrern eher als eine*

Art Eintrittspreis gesehen, so wie man ihn eben auch in einem Museum bezahlt. Wieder erweist sich der enge Zusammenhang zwischen Akzeptanz einer Gebühr und deren transparenter und zweckgebundener Verwendung für ein als sinnvoll eingeschätztes Projekt.

- Die »Sondermautstrecken« innerhalb des ASFINAG-Netzes: *Das sind insgesamt sechs streng definierte Straßenstücke, für deren Benutzung zusätzlich Maut eingehoben wird. Begründet wird die Sondermaut mit der speziellen und aufwändigen Streckenführung und -erhaltung, zum Beispiel mit Tunnelbauten. Bereits in den 1960er Jahren hatte der rasch wachsende Nord-Südverkehr zu Überlastungen auf den noch unzureichend ausgebauten die Alpen überquerenden Strecken geführt. Weil aber ein rascher Ausbau aus den laufenden Budgets nicht finanziert werden konnte, haben eigens zu diesem Zweck gegründete Sonderstraßengesellschaften Kredite aufgenommen, für deren Tilgung plus Finanzierung der laufenden Erhaltungskosten spezielle Mautgebühren eingehoben werden durften. Und obwohl die Strecken heute längst in das ASFINAG-Netz integriert sind, in dem ohnehin eine Generalmaut in Form der Vignette besteht, ist das Prinzip der Extrazahlung für diese Spezialstrecken aufrechterhalten worden.*

Die Sondermautstrecken mit einer Länge von insgesamt 141 Kilometern sind:

A9	Bosruck-Tunnel
A9	Gleinalm-Tunnel
A10	Tauern-Tunnel
A11	Karawanken-Tunnel
A13	Brenner Autobahn
S16	Arlberg Straßentunnel

Die Tarife für eine Einzelfahrt mit dem Pkw betragen zwischen 4,50 und 9,50 Euro. Teilweise ist das Befahren und Bezahlen von Teilstrecken möglich, und für Vielfahrer und Pendler gibt es spezielle Angebote. Neu ist die so genannte Videomaut, die ein Passieren der Mautstelle ohne Anzuhalten erlaubt, weil das Kennzeichen automatisch identifiziert wird. So wird das Zahlen »leicht gemacht« – und fast unbemerkt erlöst der Betreiber pro Jahr rund 120 Millionen Euro.

5.1.3. Lkw-Maut

Die wichtigste Einnahme aus dem Schwerverkehr ist eindeutig die Lkw-Maut, ein echtes Road-Pricing-System, das mit rund 840 Millionen Euro ungefähr das Doppelte von Vignette und Streckenmaut zusätzlich in das Jahresbudget der ASFINAG spült. Die Einführung der Lkw-Maut per 1. Jänner 2004 war ein schwieriges und umfassendes Reformwerk. In den Jahren davor waren die Beiträge des Schwerverkehrs zur Finanzierung der Infrastruktur tendenziell immer mehr geschrumpft, die Straßenbenützungsabgabe als einzige Spezialabgabe für den Güterverkehr mit schweren Fahrzeugen auf ein Minimum abgesunken. Von den Gesamteinnahmen der öffentlichen Hand (Bund und ASFINAG) aus dem Straßenverkehr wurden im Jahr 2003, also im letzten Jahr vor der Einführung der Lkw-Maut, nur rund ein Viertel vom Schwerverkehr, aber drei Viertel vom (überwiegend privaten) Pkw-Verkehr erbracht.
Die fahrleistungsabhängige Abgabe ist auf allen österreichischen Autobahnen und Schnellstraßen für Fahrzeuge mit über 3,5 Tonnen höchstzulässigem Gesamtgewicht fällig. Ein Wermutstropfen, dass mit dieser Definition auch Fahrzeuge mit einberechnet werden, die nicht dem Güterverkehr, sondern eindeutig der Personenbeförderung zuzurechnen sind, nämlich (schwere) Wohnmobile und Busse. Da die neue Lkw-Maut die alte Straßenbenützungsgebühr für Gü-

terbeförderer abgelöst hatte, wäre es nur allzu logisch gewesen, Personentransporte weiterhin auszunehmen und für sie stattdessen die Vignettenpflicht zu belassen.
Die Einhebung der Maut erfolgt berührungslos, sie wird auf Mikrowellenbasis von Mautbalken während der Durchfahrt erfasst. Als Gegenstück im Fahrzeug muss dazu die »GO-Box« mitgeführt werden, die an etwa 180 Vertriebsstellen erhältlich ist. Die Tarife (Stand: 2008) sind nach Anzahl der Fahrzeugachsen gestaffelt und betragen pro gefahrenen Kilometer für:

Fahrzeuge mit zwei Achsen:	0,158 €
Fahrzeuge mit drei Achsen:	0,2212 €
Fahrzeuge mit vier oder mehr Achsen:	0,3318 €
Der durchschnittliche Kilometersatz liegt bei	0,26 €

Die Tarifgestaltung ist eng an Vorgaben der Europäischen Union geknüpft. Im Gegensatz zum Pkw-Verkehr, dessen Bemautung nach wie vor den Nationalstaaten frei überlassen ist, regelt die EU in der so genannten Wegekosten-Richtlinie die Kalkulationsgrundlagen der Tarife ebenso wie die Höchstsätze und verschiedene andere Details. Aktuell wird die Einbeziehung externer Kosten (etwa Umweltkosten) in die Mauttarife diskutiert, deren Berechnungsbasis bisher ausschließlich die Bau- und Erhaltungskosten waren. Für Österreich wäre dies eine Möglichkeit, höhere Mauttarife festzulegen und damit die Verkehrsbelastung insbesondere auf den Transitstrecken zu vermindern. Denn die Schweiz, als Nichtmitglied der Europäischen Union auch nicht an die Vorgaben der Wegekosten-Richtlinie gebunden, hat schon längst wesentlich höhere Kilometertarife. Viele Transportunternehmer wählen daher derzeit für eine Nord-Süd-Fahrt durch Europa (zum Beispiel zwischen Norddeutschland und Italien) die Österreich-Route und sparen damit nicht nur Mautgebühren, sondern auch Tankkosten.

Viele Befürworter eines Road-Pricing-Systems für den Pkw-Verkehr nehmen das gute Funktionieren der Lkw-Maut gern zum Anlass, die Übertragung des gesamten Systems auf alle Verkehrsteilnehmer zu fordern und sehen damit sämtliche Probleme bezüglich Verkehrslenkung und -finanzierung gelöst. Aber Halt! So einfach ist das nicht. Was rein technisch möglich gemacht wird, ist noch lang nicht vernünftig. Bei unternehmerischer Güterbeförderung mit Lastkraftwagen einerseits und Personenbeförderung mit dem privaten Pkw andererseits handelt es sich schließlich um zwei Arten von Verkehr, wie sie unterschiedlicher nicht sein können. Einzig die Nutzung desselben Straßennetzes haben sie gemeinsam, und das birgt schon Konfliktstoff genug. Während der Schwerverkehr durch sein Gewicht tatsächlich die Straßen abnutzt und sich die Qualität der Straße nach ihm richten muss, stellt die Maut der privaten Pkw nur einen Finanzierungsbeitrag zu den Vorhaltekosten dar. Eine Pkw-Maut analog zur Lkw-Maut als fahrleistungsabhängige, elektronische Nutzungsgebühr ist aus vielen Gründen abzulehnen.

5.2. Was noch droht

5.2.1. Road Pricing

Ganz allgemein versteht man unter Road Pricing die »Bepreisung« der Straßennutzung, die zwei Ziele verfolgen kann: Einnahmenvermehrung und/oder Verkehrslenkung. Wie weiter oben bereits festgestellt wurde, kann man aber eigentlich für ein öffentliches Gut, und das ist die Straßeninfrastruktur nun einmal, überhaupt keinen Preis im Sinn eines Marktpreises verlangen. Dennoch übertreffen sich vor allem Verkehrsgegner mit Vorschlägen und Pseudobegründungen über die Notwendigkeit eines solchen Systems. Sogar Meinungsumfragen mit völlig verzerrten Fragestellungen werden herangezogen, um die ver-

meintliche Gerechtigkeit von Road Pricing im Vergleich zur Vignettenlösung zu einer großen Zustimmung unter den Befragten zu führen. Bei der in Österreich, aber auch in Deutschland und der Schweiz immer wieder kolportierten »Pkw-Maut« würde es sich um eine fahrleistungsabhängige Abgabe pro gefahrenem Kilometer am hochrangigen Straßennetz (Autobahnen, Schnellstraßen) handeln. Die Vorschläge werden jedoch auch immer ohne konkretes Konzept gemacht, denn erst ein solches könnte man Punkt für Punkt einer kritischen Prüfung unterziehen. Angedacht sind in der aktuellen Diskussion mindestens fünf Cent pro Kilometer. Auch wenn manchmal von zwei Cent gesprochen wird: Die Autofahrer lassen sich nicht so leicht täuschen. Bei einem Kilometersatz von zwei Cent würde sich die Systemumstellung gar nicht lohnen. Bei fünf Cent hingegen verdoppeln sich die Kosten schon bei durchschnittlicher Autobahnbenutzung, für Vielfahrer würde die Belastung untragbar werden.
Viele gute Gründe sprechen gegen die Einführung eines Road-Pricing-Systems als Pkw-Maut in Österreich:
Den Schuldenberg der Straßeninfrastruktur von rund zehn Milliarden Euro hat nicht die ASFINAG selbst seit ihrer Gründung angehäuft, sondern er ist aufgrund der Aufhebung der Zweckbindung der Mineralölsteuer entstanden. Die wurde zwar ursprünglich genau für die Finanzierung des Straßennetzes durch die Nutzer erfunden, aber nur bis Anfang 1987 zweckgebunden dafür verwendet. Seit April 1987 werden die enormen und stetig steigenden Einnahmen aus der Mineralölsteuer dem allgemeinen Bundesbudget zugeführt. Erst damit begannen die Schulden aus dem Straßenbau zu wachsen, die schließlich der ASFINAG bei Ihrer Gründung 1997 aufgebürdet wurden. Der Grund für die Auslagerung dieses Budgetlochs in der Höhe von damals 5,8 Milliarden Euro vom Bund an die ASFINAG war, dass es nur dadurch möglich wurde, die Maastricht-Kriterien bezüglich Staatsverschuldung zu erfüllen.
Daraus ergibt sich, im Nachhinein gesehen, folgende Entwicklung:

Erst wurden Mineralölsteuern erfunden und eingehoben, damit die Nutzer die Straßen selbst finanzieren. Plötzlich wurde dieses Geld anderweitig verwendet, obwohl die Steuerzahler weiter ihren Obolus scheinbar zweckgebunden entrichteten. Weil dadurch dann dem eigentlichen Zweck die Mittel fehlten, sollten die Nutzer erneut zur Kasse gebeten werden. Es ist beim besten Willen nicht zu erkennen, was an diesem Vorgehen gerecht sein soll.

Aus dem Kraftfahrzeugverkehr in Österreich gehen jährlich schon mehr als zwölf Milliarden Euro an die öffentliche Hand, der überwiegende Teil davon als Steuern (Mineralölsteuer, motorbezogene Versicherungssteuer, Normverbrauchsabgabe etc.) in das allgemeine Bundesbudget, nur die Mauten gehen zweckgebunden an die ASFINAG. Umgekehrt werden nur rund 3,5 Milliarden Euro direkt für Straßenbau und -erhaltung ausgegeben. Insbesondere der Pkw-Verkehr überdeckt die durch ihn verursachten Kosten, sogar wenn man externe Kosten (wie Umwelt- oder Unfallfolgekosten) mit einrechnet. Davon auszugehen, dass es sich bei einer derartigen Pkw-Maut um die einfache Umlage einer fixen – und zugegebenermaßen ebenfalls nur bedingt gerechten – Abgabe auf eine fahrleistungsabhängige handeln wird, bei der für den Durchschnittsfahrer die Belastung unverändert bleibt, Wenigfahrer durch geringe Gebühren »belohnt« und Vielfahrer durch hohe Gebühren »bestraft« werden, ist ein Wunschdenken. Schon bei einer ins Spiel gebrachten Variante von fünf Cent pro Kilometer wird es de facto für alle Pkw-Besitzer empfindlich teurer, nur einige wenige Einzelfälle könnten profitieren.

Eine Lösung, welche die Finanzierung wichtiger Straßenprojekte sichert, kann daher nur in einer Rückkehr zur widmungsgemäßen Verwendung der Mittel liegen, die von den Autofahrern ohnehin dafür aufgebracht werden. Schon eine geringe Teilzweckwidmung von etwa fünf Cent pro Liter Kraftstoff würde ausreichen, um der ASFINAG die Mittel zukommen lassen zu können, mit der ihr jedenfalls die Realisierung der wichtigsten Projekte ermöglicht wird.

Eine Vielzahl weiterer Gründe spricht noch gegen eine elektronische, fahrleistungsabhängige Pkw-Maut. Zum Beispiel:

- *Die Erhöhung des Verkehrsunfallrisikos durch vermehrtes Ausweichen auf das untergeordnete Straßennetz. Die Unfallrate bei Verkehrsunfällen mit Personenschaden ist im untergeordneten Netz etwa vier Mal so hoch wie auf Autobahnen.*
- *Die höhere Umwelt- und Lärmbelastung, vor allem in Ortsgebieten, ebenfalls verursacht durch den Ausweichverkehr. Dass ausgewichen wird, zeigt die Erfahrung aus der Lkw-Maut. Pkw können noch viel leichter ausweichen und würden das vermutlich vermehrt tun, auch wenn das Umfahren der mautpflichtigen Strecke einen Zeitverlust bedeutet.*
- *Die angedachten Pendlerentlastungen würden niemals die tatsächlichen Mehrkosten abgelten können. Dividiert man den kolportierten Betrag, die für Pendlerentlastung zur Verfügung gestellt werden könnten, durch die Anzahl der heutigen Bezieher einer Pendlerpauschale, kommt man zu einer Entlastung von etwa 130 Euro pro Jahr. Die durchschnittlichen Mehrkosten eines Tagespendlers, der beispielsweise die Strecke Mattersburg–Wien fährt – eine der häufig benutzten, typischen Pendlerstrecken in Österreich – würden jedoch rund 900 Euro pro Jahr ausmachen.*
- *Schon die Einführung der Vignette 1997 hatte massive Probleme für die österreichische Tourismuswirtschaft mit sich gebracht. Eine weitere Verteuerung eines Österreich-Urlaubs könnte noch mehr Touristen davon abhalten. Viele Länder würden Gegenmaßnahmen für österreichische Reisende überlegen. Entgegen anders lautenden Gerüchten gibt es bisher in keinem einzigen europäischen Land ein generelles Road-Pricing-System.*

Nicht in Frage gestellt werden darf, dass die wirklich wichtigen Straßenprojekte selbstverständlich realisiert werden müssen. Davon

profitiert nicht nur der einzelne Autofahrer, sondern der gesamte Wirtschaftsstandort Österreich. So kann eine gerechte Lösung wohl nur in der (zumindest Teil-)Zweckwidmung der Mineralölsteuer liegen. Die immer wieder als Vorbild zitierte Schweiz zeigt uns, dass dieses System sehr gut funktioniert. Rund 70 Prozent der Mineralölsteuermittel fließen dort in den Straßenbau, der Großteil in die Nationalstraßen (vergleichbar unseren Autobahnen), und von Milliardenschulden ist dort keine Rede.
Die Idee des Road Pricing ist in der Mineralölsteuer außerdem längst und besser verwirklicht. Denn Letztere entspricht dem Verursacherprinzip:

- Wer mehr fährt, zahlt mehr – *inklusive einer Öko-Komponente*
- Wer mehr Emissionen verursacht, zahlt ebenfalls mehr – *sie ist verbrauchsrelevant und damit entfernungs- und umweltbezogen.*

Und es muss dafür nichts Neues erfunden werden, womit auch hohe Investitions- und Administrationskosten für ein neues System entfallen. Auch ausländische Fahrzeuge, die in Österreich tanken, leisten so ohne Manipulationsaufwand ihren Beitrag zur österreichischen Infrastruktur.

Der österreichische Wirtschaftsforscher Prof. Wilfried Puwein hat den drei wesentlichen Möglichkeiten der Straßenfinanzierung – Mineralölsteuer, kilometerabhängige Maut (Road Pricing) und zeitabhängige Maut (Vignette) – in einer Gegenüberstellung der durch sie erfüllbaren Kriterien jeweils Punkte zugeordnet[27]:

Reihung der verkehrspolitischen Instrumente »Mineralölsteuer« und »Maut« nach verschiedenen Kriterien
(1 = bestgereiht, Q: WIFO)

	Mineralölsteuer	Streckenmaut	Zeitmaut
		Auf hochrangigen Straßen	
Niedrige Einhebungskosten	1	3	2
Niedrige Kontrollkosten	1	2,5	2,5
Hohe Akzeptanz	2	3	1
Senkung der externen Kosten			
Schadstoffbelastung	1	3	2
Unfälle	1	3	2
Lärmbelastung	1	3	2
Senkung der Staukosten	2	2	2
Summe	9	19,5	13,5

Daraus ergibt sich nun eindeutig die Mineralölsteuer als beste Lösung und perfektes Finanzierungssystem. Abgeschlagen auf Platz zwei die Vignette, und Road Pricing erhält die schlechteste Bewertung. Zusammen mit einer Zweckwidmung der Mineralölsteuermittel wären auch beide Grundsätze erfüllt, die Puwein kurz und bündig, aber richtig anführt:

- *Alte Steuern – gute Steuern, neue Steuern – schlechte Steuern*
- *Eine Zweckbindung von Abgaben für den Straßenbau vermindert den Widerstand der Autofahrer.*

5.2.2. City-Maut

Nicht nur Road Pricing, sondern auch die City-Maut gehören heute zu den modischen Vorschlägen, die uns Autofahrern das Leben schwer machen sollen. Auf der Suche nach neuen Belastungsquellen wurden nun auch die Ballungsräume ausfindig gemacht. Als ob das Autofahren in der Stadt ein unverzichtbares Vergnügen wäre!
Unter City-Maut versteht man allgemein Gebühren, die für die Ein-

fahrt beziehungsweise das Befahren bestimmter innerstädtischer Zonen zu bezahlen sind. Die Parkraumbewirtschaftung gehört nicht dazu, obwohl sie von manchen Autoren in einem weiter gefassten Begriff der City-Maut einbezogen wird – wahrscheinlich deshalb, weil sie eine Alternative zur Maut darstellt, um den Verkehr in den Innenstädten vernünftig zu managen. Beiden Varianten ist gemein, dass sie zwei Ziele verfolgen, die idealerweise (eine Frage der Auslegung!) beide erfüllt werden: einen Lenkungseffekt, um das Verkehrsaufkommen auf überlasteten Straßennetzen und damit gleichzeitig die Emissionen zu reduzieren, und die Erschließung einer zusätzlichen Einnahmequelle für die betreffende Stadt.

Die ersten europäischen City-Mauten in den norwegischen Städten Oslo, Bergen und Trondheim waren noch sehr stark auf den Finanzierungsaspekt bestimmter Projekte, wie etwa Brücken und Tunnel, konzentriert. Das Mautsystem hatte daher oft ein »Ablaufdatum« und die Akzeptanz war und ist wegen der Zweckbindung der Mittel generell höher als bei dauerhaften Implementierungen solcher Systeme. In Europa gilt London als Vorreiter in Sachen einer umfassenden City-Maut. Seit dem Jahr 2003 kostet die Einfahrt in die »Congestion Charging Area« (die »Stauzone«, ein definiertes, heute knapp 40 Quadratkilometer umfassendes Innenstadtgebiet) an Werktagen zwischen 7 und 18 Uhr acht Pfund (etwa 12 Euro). Wird die Fahrt als nicht bezahlt gewertet, weil man entweder vergessen hat oder nur versehentlich in die Zone eingefahren ist oder weil – was leider häufiger vorkommt – die Zahlung irrtümlich nicht registriert wurde, dann wird es wirklich teuer: 120 Pfund (rund 180 Euro) beträgt die Strafe. Da verwundert es nicht, dass die Einnahmen aus den Strafzahlungen unter dem Strich doppelt so hoch ausfallen wie die reinen Mauteinnahmen, da von den Gesamterlösen auch die Betriebskosten für das System selbst finanziert werden müssen. Und das ist aufwändig. An etwa 200 Standorten sind jeweils vier bis sechs Kameras zur Erfassung der Kennzeichen montiert, die in der Zentrale mit den geleisteten Mautgebühren verglichen werden. Bezahlt werden kann per Internet, sms, Telefon, in Geschäften, bei Selbstbedienungsautomaten und – wenn man seine Fahrt mindestens zehn Tage im Voraus planen kann – per Post. Der Ärger der Autofahrer, aber auch vieler Gewerbetreibender ist freilich groß. War es zum Beispiel vor Einführung der City-Maut üblich, vor einem Theater- oder Kinobesuch Essen zu gehen, so verzichten seither viele Londoner darauf und warten bis kurz vor Vorstellungsbeginn, um die Gebühr zu vermeiden.

War anfangs die Euphorie der Stadtväter über den Rückgang des Verkehrsaufkommens von etwa 15 bis 20 Prozent groß, so ist sie mittlerweile dem Gefühl gewichen, dass sich nicht wirklich viel verändert hat. Auch die Emissionen, besonders der Feinstaub, ließen kaum Reduktionen erkennen. Profitiert haben in erster Linie die Bewohner der Innenstadt, die selbst nur zehn Prozent der Maut zahlen müssen und dafür etwas besser mit ihren Autos vorankommen. Unzufrieden sind die Autofahrer aus den Außenbezirken und dem Umland sowie die Geschäfte und Lokale, die Umsatzeinbußen hinnehmen mussten. Die Tatsache, dass der »Mayor of London« (Bürgermeister), auf dessen Initiative die Einführung der Congestion Charge zurückgeht und der sie kürzlich für die so genannten SUVs (Sport Utility Vehicles) sogar verdreifachen wollte, 2008 mit eindeutiger Mehrheit abgewählt wurde, spricht für sich.

Nach London hat erst kürzlich Stockholm als bisher letzte europäische Hauptstadt eine City-Maut eingeführt. Dort war man von Anfang an etwas skeptischer. Bei einem nach einer Testphase durchgeführten Referendum (an dem jedoch die Bewohner der Vororte gar nicht teilnehmen durften!) sprach sich nur eine knappe Mehrheit für die »Gedrängesteuer« aus. Wer nun an Werktagen zwischen 6:30 und 18:30 Uhr über eine der 18 Einfallstraßen in die Innenstadt möchte, zahlt dafür je nach Tageszeit gestaffelte Tarife in Höhe von ein bis zwei Euro. Die bisherigen Erfahrungen betreffend Verkehrsbelastung und Emissionen entsprechen in etwa jenen aus

London: Die anfänglichen Verbesserungen gehen langsam in einen Alltag über, der kaum Veränderungen spüren lässt.
Trotz der nicht gerade berauschend positiven Ergebnisse von City-Mauten in anderen Ländern gibt es auch hierzulande immer wieder Vorstöße von Befürwortern. Dabei braucht man bloß einmal in der Londoner City gewesen zu sein, um auf einen Blick zu erkennen, dass die Verkehrssituation mit keiner einzigen österreichischen Stadt vergleichbar ist. Nicht mit Wien, und schon gar nicht mit den wesentlich kleineren Landeshauptstädten.

	Einwohner	Fläche in km^2
London	7.500.000	1.579
Wien	1.660.000	415
Graz	250.000	128
Linz	190.000	96

Befürworter von City-Mauten vergessen auch gern, dass es in vielen österreichischen Gemeinden ohnehin bereits seit Jahren die zweite Variante von innerstädtischer Verkehrslenkung gibt, nämlich die Parkraumbewirtschaftung. Im Gegensatz zu einem neuen System ist sie allgemein akzeptiert und trägt Früchte. Die Zahl der innerstädtischen Mega-Staus ist überschaubar, weil extrem selten. Österreichs Städte müssen offen für alle bleiben. Die Zukunft liegt in einem intelligenten Verkehrsmanagement für Fließverkehr und ruhenden Verkehr sowie optimalen Schnittstellen zwischen Auto und öffentlichem Personennahverkehr. Jede Stadt ist anders und braucht entsprechend individuelle Lösungen. Zum Beispiel:

- *Ausbau und Verbesserung von Park&Ride-Angeboten*
- *Optimierung von Umsteigemöglichkeiten zwischen Auto und öffentlichen Verkehrsmitteln, vor allem entlang des hochrangigen Straßennetzes in der Peripherie*

- *Ausbau des Nahverkehrssystems zur Qualitätsverbesserung für den Pendlerverkehr*
- *Rasche Errichtung von Verkehrsinformations- und Verkehrsmanagementsystemen am hochrangigen Straßennetz und deren Zusammenführung mit den innerstädtischen Verkehrsleitsystemen*
- *Errichtung von großräumigen Umfahrungsstraßen zur Verringerung des Durchfahrverkehrs durch Ballungsräume*

City-Mauten würden einen doppelten Aderlass für die Autofahrer bedeuten: Denn erst fallen hohe Einfahrtsgebühren an, und wenn man es endlich in die City geschafft hat, zahlt man nochmals hohe Parkgebühren. Und die sind in hohem Ausmaß als unsozial zu bezeichnen:

- *Es droht eine »Zwei-Klassengesellschaft«: Die einen, die es sich weiterhin leisten oder die Kosten abwälzen, und diejenigen, die das nicht können.*
- *Es werden alle zusätzlich bestraft, die aufgrund ihrer individuellen Situation im Stau stehen müssen, weil sie zum Beispiel ihren Arbeitsbeginn nicht verändern können.*
- *Lenkungsmaßnahmen, die höhere Einnahmen bewirken sollen, führen sich selbst ad absurdum, wenn sie tatsächlich wirken – was wieder zu Gebührenerhöhungen führt.*
- *Stau lässt sich auch anders verhindern als durch Gebühren, zum Beispiel durch intelligente Verkehrsleitsysteme.*
- *Umsatzrückgänge von Geschäften und Betrieben im innerstädtischen Bereich sind anzunehmen.*
- *Allgemeine Verteuerungen drohen, insbesondere von Dienstleistungen: Auch Handwerker, Taxis, Zustelldienste etc. haben höhere Ausgaben durch eine Maut.*
- *Gibt es mehr freie Parkplätze, könnte der Verkehr sogar zunehmen.*

Ganz ähnlich ist bezüglich der »Umweltzonen« zu argumentieren, die seit kurzem besonders in Deutschland, aber auch in anderen Ländern zunehmend verordnet werden. Der Verdacht liegt nahe, dass es auch hierbei mehr um die Einnahmen als um echte Umweltanliegen geht. Denn die Abgase halten sich nicht an Straßengrenzen. Die Autofahrer verlangen zu Recht, dass die mit der Einführung verbundenen Umweltziele laufend durch Messungen überprüft werden. Sollte sich die Ergebnislosigkeit solcher Maßnahmen herausstellen, sind sie aufzuheben (vgl. dazu auch Kapitel 8: »Urban Mobility«).

5.3. Mauten in Europa und anderswo

Ob und in welcher Form – Pauschalmaut, Streckenmaut, Road Pricing, City-Maut – ein Staat Mauten vorschreibt, hängt von den geografischen und regionalen Gegebenheiten, vom politischen Willen und ganz besonders von der jeweiligen Struktur der Straßenfinanzierung ab. Mautsysteme sind daher nicht so einfach vergleichbar, denn es muss das Umfeld berücksichtigt werden. Was in einem Land gut funktioniert, kann in einem anderen völlig ungeeignet sein.
Während es in Übersee – New York, Toronto, Sydney, Seoul, Singapur, um nur einige zu nennen – die Bemautung spezieller Bauwerke wie städtische Brücken und Tunnel schon länger gibt, steht die Diskussion in Europa darüber erst am Anfang. Und das aus gutem Grund. In Ländern, in denen traditionell die Errichtung der Infrastruktur durch private Investoren erfolgt, muss der Betreiber nicht nur die laufenden Kosten durch Mautgebühren hereinbringen, sondern darüber hinaus auch noch die Rendite-Erwartungen der Geldgeber befriedigen. Die generelle Steuerlast für die Autofahrer ist dafür meist niedriger. Wird hingegen der Straßenbau aus Steuermitteln finanziert, ist die allgemeine Belastung in der Regel höher, im Gegenzug gibt es keine separate Finanzierung durch Mauten.

Auch in Europa haben sich im Lauf der Geschichte unterschiedliche Strömungen entwickelt. In den südlichen Ländern – Italien, Frankreich, Spanien – lag und liegt der Autobahnbau überwiegend in privater Hand, die Finanzierung erfolgt über Mautgebühren für bestimmte Streckenabschnitte. Und die Autofahrer haben meist die Wahl: Entweder sie sind bereit, für die Fahrt auf der Autobahn zu bezahlen, oder sie wählen die meist parallel führende »normale« Straße, die eben nicht so gut ausgebaut, dafür aber kostenlos ist.
Es handelt sich bei den Mauten auf den mautpflichtigen Straßenstücken auch keineswegs um Road Pricing, sondern sie entsprechen eher der österreichischen Streckenmaut. Wenn diese Mauten von Befürwortern eines Pkw-Road-Pricing gern als leuchtendes Beispiel dafür hergenommen werden, dass es das »schon in vielen Ländern Europas gibt«, sollte man hellhörig werden. Tatsache ist, dass ein Pkw-Road-Pricing-System bisher in keinem einzigen europäischen Land existiert! Nur die Niederlande denken darüber nach, konkret umgesetzt ist es aber auch dort nicht, weil bis dato noch viele Probleme ungelöst sind.
In anderen Ländern, und dazu gehören in erster Linie Österreich, Deutschland und die Schweiz, wurden Straßenbau und Straßenerhaltung traditionell aus Steuergeldern finanziert, und da wieder hauptsächlich aus der Mineralölsteuer. In Österreich hat dieses System gut funktioniert, bis 1987 die Zweckbindung der Mittel aufgehoben wurde und wegen nachfolgendem Geldmangel die Autofahrer selbst mit der Finanzierung über die Vignette einspringen mussten. In der Schweiz fließen bis heute rund 70 Prozent der Mineralölsteuereinnahmen in die Finanzierung der Nationalstraßen, die zusätzliche Vignettengebühr von rund 27 Euro liegt daher im Vergleich zu Österreich in einer moderaten Höhe. Und Deutschland kommt bis heute ganz ohne Maut aus.
Künftige Mautdiskussionen müssen zwecks Fairness die Kernfragen im Fokus behalten, die sich aus Sicht der Autofahrer stellen:

- *Gibt es eine Wahlmöglichkeit zwischen bemauteter und mautfreier Strecke?*
- *Wie viel wurde bereits von den Nutzern in Form von Steuerleistungen bezahlt?*
- *Wofür werden die Einnahmen verwendet?*

Einen völlig neuen Aspekt in der dauernden Suche nach Finanzierungsmöglichkeiten neuer Projekte in Österreich brachte vor einiger Zeit plötzlich das Schlagwort »PPP«: Private Public Partnership steht für die Zusammenarbeit privater Investoren beziehungsweise Betreiber mit der öffentlichen Hand. Was bei Einzelprojekten in bestimmten Bereichen möglicherweise funktioniert, ist im Straßenbau genauso wenig »die Zauberformel« wie bei der Bewältigung anderer gemeinwirtschaftlicher Aufgaben (wie zum Beispiel der Wasserversorgung). Die Befürworter setzen naturgemäß große Erwartungen in eine PPP-Finanzierung: Rascherer Projektstart, effizientere Abwicklung, sowie Risiko- und Kostenminimierung für den Partner aus dem öffentlichen Bereich, so dass letztlich kein finanzielles Risiko auf die Straßenbenutzer abgewälzt werden müsste. Die Rückführung PPP-finanzierter Straßen in den Besitz der öffentlichen Hand nach einem bestimmten Zeitraum (zum Beispiel nach 30 Jahren) wäre vorgesehen, wodurch das Argument des Ausverkaufs öffentlicher Güter nicht mehr gälte. Skeptiker sehen hingegen durchaus hohe Risiken. Es stellt sich die Frage, ob ein Projekt durch die Beteiligung privater Investoren mit hoher Rendite-Erwartung wirklich effizienter, rascher und billiger umgesetzt werden kann als ohne deren Beteiligung.
Eine »gemischte« Finanzierung – einige Straßen PPP-finanziert, andere öffentlich – würde aber wiederum bedeuten, dass sich die Privaten wohl eher die Rosinen herauspicken. Also jene Strecken betreiben, die Gewinn versprechen, während die anderen, ebenfalls notwendigen Straßenstücke, dem Staat verbleiben. Sollten PPP-finanzierte Straßen aber nicht die erwartete Auslastung bringen,

wird der Investor versuchen, sich die Einnahmenausfälle von der öffentlichen Hand abgelten zu lassen oder notwendige Investitionen nicht zu tätigen, was wiederum direkt die Qualität der Infrastruktur beeinträchtigen würde. Bis heute ist jedenfalls jeglicher Nachweis ausständig, dass eine PPP-Finanzierung der Straßeninfrastruktur Vorteile für den Konsumenten bringt.

6.

Was wir sonst noch alles zahlen

Kaum zu glauben, aber leider wahr: Autokauf, Steuern, Versicherungsprämien, Anmeldegebühren, Spritkosten und Mauten sind abgehandelt – und trotzdem sind noch weitere Ausgaben fällig. Vor allem die Sicherheit muss uns noch einiges Wert sein. Um diese in höchstmöglichem Ausmaß zu gewährleisten, bezahlen wir für:

- *Führerschein (Lenkberechtigung) als Grundvoraussetzung sowie weiteres Training für sicheres und Ressourcen schonendes Fahren*
- *Reparaturen, Wartung und regelmäßige Zustandsüberprüfung des Autos*
- *Sichere Ausrüstung (zum Beispiel Reifen) und Ausstattung (wie Kindersitze) des Fahrzeuges zur Sicherheit der Insassen*

6.1. Führerschein und Training

Ab dem 16. Lebensjahr kann es losgehen und zwar mit der Ausbildung für den so genannten »L17«-Schein, der zum Lenken eines Autos ab dem Alter von 17 Jahren berechtigt. Bevorzugt man die »klassische« (Fahrschul-)Variante, dann darf erst mit 18 gefahren werden. Während in manchen Ländern der Welt noch nicht einmal ganz klar ist, ob man als Voraussetzung für das Lenken eines Auto überhaupt

einen Führerschein vorschreiben soll, hat Österreich mittlerweile nicht nur ein erstklassiges Ausbildungssystem, sondern es wird zusätzlich noch laufend verbessert. Seit 2003 ist für Führerscheinneulinge ein Mehrphasensystem vorgeschrieben: Nach der klassischen Führerscheinausbildung schließt sich innerhalb des ersten Jahres der Probeführerscheinzeit eine aus drei Teilen bestehende »Post-Graduate-Ausbildung« an. Dazu gehören: Eine Feedbackfahrt mit einem besonders ausgebildeten Fahrlehrer, ein spezielles Fahrsicherheitstraining mit einem verkehrspsychologischen Teil plus eine nochmalige Feedbackfahrt. Die einzelnen Elemente sind in dieser Reihenfolge und im Abstand von jeweils drei Monaten beginnend mit dem Führerscheinerwerb zu absolvieren.
Vor Einführung des neuen Systems stammte rund ein Viertel aller Verkehrstoten und ein Drittel der Verletzten aus der Altersgruppe zwischen 15 und 24 Jahren, obwohl diese nur einen Anteil von 12 Prozent der Gesamtbevölkerung ausmacht. Leider macht jeder, der am Beginn seiner Mobilitätskarriere steht, häufig Fehler und neigt zu jugendlicher Unvernunft. Genau an diesem Punkt setzt die Mehrphasen-Fahrausbildung an. Einerseits sollen falsche Angewohnheiten beim Autofahrer in der ersten »Prägungsphase« durch die Feedback-Fahrten zu Beginn ausgemerzt werden, andererseits werden durch das Demonstrieren gefährlicher Verkehrssituationen die Folgen falscher und risikoorientierter Fahrweise drastisch vor Augen geführt. Durch diese Maßnahmen werden defensives und verantwortungsvolles Fahren, das Erkennen, Vermeiden und Bewältigen gefährlicher Verkehrssituationen sowie Strategien zum Erkennen und zum richtigen Umgang mit individuellen und »inneren Gefahren« (Selbstüberschätzung, Risikobereitschaft) trainiert. Die Ergebnisse geben den Initiatoren Recht: Die Unfallzahlen konnten, vor allem in der Risiko-Zielgruppe, dramatisch um mehr als ein Viertel gesenkt werden.
Und die Kosten? Aufgrund des Einsatzes verbesserter Lehrmittel und

der Erfahrungen der vergangenen Jahre konnte die theoretische Pflichtausbildung in der Fahrschule um acht Stunden von 40 auf 32 Stunden verkürzt werden. Diese Verkürzung betrifft keine verkehrssicherheitsrelevanten Inhalte, sondern es werden lediglich Fragen der Technik und Fragen untergeordneter Bedeutung im Frontalunterricht verkürzt dargestellt. Aus dieser Reduktion ist keine Verschlechterung des Verkehrsverhaltens nach dem Führerscheinerwerb zu befürchten. Die Zahl der vorgeschriebenen Fahrstunden konnte von 20 auf 18 Stunden reduziert werden – zwei Stunden ohne neue Lehrinhalte, die zur Prüfungsvorbereitung verwendet werden. Bei der Verkürzung der Praxiseinheiten handelte es sich um einen vertretbaren Kompromiss, um Mehrkosten aus der Mehrphasen-Fahrausbildung, die gegenüber früher ein bedeutendes Mehr an Sicherheit und praxisorientierter Ausbildung darstellt, möglichst zu vermeiden.

Eine bessere Ausbildung muss also nicht wesentlich mehr kosten. Durch Preisvergleiche unter den Angeboten der Fahrschulen kann man beträchtliche Beträge bei der Ausbildung einsparen. Sich einen Überblick im Preisdschungel der Fahrschulen zu verschaffen, ist aber gar nicht so einfach.[28] Denn die Fahrschulen bieten zum Beispiel bundesweit unterschiedlich viele Mindestfahrstunden an. Aber auch Preisangaben für »Pauschalpakete« gegenüber jenen, wo alle Einzelleistungen angeführt sind, müssen erst einmal analysiert werden, um herauszufinden, wo es tatsächlich am günstigsten ist. Für die gesamte Ausbildung – zur besseren Vergleichbarkeit bestehend aus erster und zweiter Phase, plus zum Beispiel 18 Praxiseinheiten – muss man durchschnittlich mit etwa 1.550 Euro an Ausgaben rechnen, aber die Unterschiede sind enorm: Mehr als 800 Euro liegen zwischen dem billigsten und dem teuersten Anbieter. Zu diesen Kosten kommen noch bis zu 250 Euro für Lernunterlagen, Erste-Hilfe-Kurs, Arzt und Behörden. Im Einzelfall kann es noch teurer werden. Der Endpreis ist letztlich davon abhängig, wie viele Zusatzfahrstunden der Fahrschüler nehmen muss, um prüfungstauglich zu sein. Folgende Tipps sollte man beherzigen:

- *Mehrere Angebote vergleichen, dabei genau hinterfragen, was in den Gesamtkosten alles enthalten ist und wie viele Fahrstunden dabei sind.*
- *Vorsicht bei Preisen, die besonders günstig erscheinen: Es könnte daran liegen, dass die Kosten der zweiten Phase nicht enthalten sind.*
- *Erkundigen Sie sich speziell auch nach den Kosten der praktischen Fahrstunden (derzeit zwischen 37 und 65 Euro) und jenen der Lernunterlagen.*
- *Achten Sie darauf, dass im Komplettpreis oft nicht alle Leistungen, wie etwa Anmelde- oder Versicherungsgebühren, enthalten sind.*

Lernen durch Erleben – das ist das Motto der Fahrsicherheitstrainings, bei denen der Spaß zwar auch nicht zu kurz kommt, die aber einen ernsten Hintergrund haben. Die Erhöhung der Verkehrssicherheit ist das Top-Ziel. Aber auch sparsames Fahren wird in Zeiten hoher Kraftstoffpreise immer wichtiger und kann zur künftigen Schonung der Geldbörse und der Umwelt trainiert werden.
Der ÖAMTC als größter Anbieter von Trainings[29] bietet eine Vielzahl standardisierter Kurse an, aber auch individuelle Trainings und Personal Coaching kann vereinbart werden. Eintägige Fahrsicherheitstrainings für Pkw kosten ab 159 Euro, zweitägige Packages ab 269 Euro. Spezialtraining wie »Snow&Fun« gibt es ab 194 Euro (Stand: 2008). Die Kosten für Fahrsicherheitstrainings sind aber wohl aus einem etwas anderen Blickwinkel zu betrachten als die meisten der bisher beschriebenen Ausgaben. Zum einen weil sie freiwillig aus guten Gründen getätigt werden. Und zum anderen, weil sich der Nutzen zwar schwer in Zahlen aufrechnen lässt, aber jedenfalls der Vorteil vermiedener Unfälle unschätzbar größer als die Ausgabe ist!

Nicht nur das persönliche Leid als Unfallfolge ist dramatisch. Statistiker haben, so schwer manchem der Gedanke daran auch fallen mag, auch die Gesamtwirtschaft im Auge zu behalten. Zwischen drei und vier Milliarden Euro pro Jahr bewegen sich die (seriöseren) Schätzungen über die volkswirtschaftlichen Folgekosten von Verkehrsunfällen in Österreich. Jeder ungeschehene Unfall bedeutet daher nicht nur vermiedenes Leid, sondern auch weniger an Gesamtkosten für die Allgemeinheit.
Mit rund 27 Millionen Euro pro Jahr an »ersparten« Unfallfolgekosten rechnet man seit der Einführung der Fahrsicherheitstrainings allein im Rahmen der Mehrphasen-Führerscheinausbildung. Der Trainingstag kostet inklusive psychologischem Gruppengespräch etwa 155 Euro und bringt, abgesehen vom praktisch Erlernten, einen wertvollen Beitrag zur Bewusstseinsbildung – eine der wichtigsten Säulen der Verkehrssicherheit.
Topaktuell und in Zeiten hoher Spritpreise nachgefragt wie nie sind die Spritspartrainings. Unter dem Motto »Sicher fahren, Sprit sparen« haben das Lebensministerium und der ÖAMTC für alle, die beruflich und privat nicht auf das Auto verzichten können (und deren Auto einen Bordcomputer hat, sonst funktioniert es leider nicht), ein sinnvolles Paket geschnürt. Das eintägige Training besteht aus zwei Modulen:

Spritspartraining

Dabei erfährt man auf einer 15 bis 20 Kilometer langen Fahrstrecke im öffentlichen Verkehr mit unterschiedlichen Anforderungen (Stadt, Land, unterschiedliche Topografie) vorerst seinen ersten Referenzwert. Im Anschluss gibt es Informationen sowie Tipps & Tricks für Sprit sparendes, verschleißfreieres Fahren, die dann gleich am Gelände des Fahrtechnikzentrums geübt werden. Danach wird auf der gleichen Au-

ßenstrecke der zweite Referenzwert »erfahren«. Das Ergebnis ist eine Spriteinsparung bis zu 15 Prozent bei zumindest gleicher Fahrzeit. Bei aktuellen Kraftstoffpreisen und durchschnittlicher Jahresfahrleistung kann das eine Kostenersparnis von rund 200 Euro bewirken!

Kompaktes Fahrtechnik-Training

Am Trainingsgelände wird geübt, das Fahrzeug auch in Grenzsituationen richtig und sicher zu bewegen. Das Training beinhaltet Bremsübungen, Kurven fahren und Gefahrentraining – also etwa das Ausweichen bei plötzlich auftauchenden Hindernissen (zum Beispiel mit der Wasserwand).

6.2. Werkstattkosten: Reparaturen, Wartung und das »Pickerl«

Die Kosten, die entstehen, wenn das Auto in die Werkstatt muss, liegen – wir erinnern uns an die größten Ärgernisse in Kapitel 2. – gleich nach den Spritkosten auf einem Stockerlplatz. Dabei sind die Gründe, die uns die Werkstatt aufsuchen lassen, vielfältiger Art und verursachen entsprechend unterschiedliche Kosten, beginnend beim Scheibenwischerblättertausch um ein paar Euro bis hin zu umfangreichen Instandsetzungen nach Unfallschäden um einige tausend Euro. Die durchschnittlichen Kosten pro Auto lassen sich daher seriöserweise kaum darstellen, sie sind bei jedem Fahrzeug anders: Großes oder kleines Auto, alt oder neu, Marke, Type und Beanspruchung oder Unfallhäufigkeit lassen die individuellen Ausgaben rasch anders aussehen als den »Durchschnitt«.
Während jene für Wartung und Überprüfung vorhersehbar und

planbar sind, wenn auch nicht bei allen Anbietern gleich hoch, sind die Ausgaben für Reparaturen jedes Mal eine neuerliche – und oft böse – Überraschung.

6.2.1. Reparaturkosten

Rund zwölf Prozent der Gesamtkosten betragen die vorhersehbaren Ausgaben, die man in der Werkstatt tätigt. Das ist weniger als die Spritkosten, die heute bereits 15 Prozent und mehr ausmachen, obwohl die Reparaturkosten natürlich vor allem deshalb als besonders unangenehm empfunden werden, weil sie plötzlich und unvorhersehbar auftreten. Wer schon jemals ein »Montagsauto« erworben hat, kann ein Lied davon singen. Denn nicht nur die Kosten sind ein Ärgernis, sondern auch der persönliche Aufwand für Telefonate, Terminvereinbarungen und Verhandlungen. Kommt es dann endlich zur Reparatur, kann man sich oft gar nicht entscheiden, worüber man sich nun mehr ärgern soll – über die Ersatzteilpreise oder die Arbeitskosten. Das Gefühl sagt, es wird jedes Mal teurer.
Auch zum Thema Werkstattkosten kann der bereits erwähnte »Pkw-Index« helfen, zu einer objektiven Einschätzung zu kommen. Wieder ausgehend vom Basisjahr 2005 sind die Kosten für eine Arbeitsstunde von Kfz-Mechanikern, Kfz-Elektrikern oder Kfz-Spenglern bis Mitte 2008 um rund 14 Prozent gestiegen. Auch für die Materialkosten ausgewählter Reparaturarten – natürlich für den Zweck des Indexes nur solche, die häufig vorkommen und praktisch bei jedem Auto früher oder später anfallen – werden die Preisentwicklungen genau verfolgt: Neue Auspuffanlagen, Scheinwerfer oder Vorderradbremsen kosten mittlerweile um bis zu 11 Prozent mehr als im Vergleichsjahr 2005.
Die oft gestellte Frage, ob es günstiger ist, mit Fahrzeugreparaturen ins Ausland auszuweichen, ist schwer zu beantworten. Ähnlich wie

beim Thema Auto-Selbstimport, hängt die Bereitschaft dazu von individuell unterschiedlichen Voraussetzungen ab. Wer die Wichtigkeit der persönlichen Bindung an »seine« Werkstätte hoch einschätzt, wird nicht gern ins Ausland ausweichen, wer ohnehin im Grenzgebiet wohnt und kein logistisches Problem sieht, wird es eher tun. Die Preisunterschiede der Ersatzteile sind ohnehin gering, während bei den Arbeitskosten in unseren östlichen Nachbarländern Ersparnisse noch möglich sind.

Damit Ersatzteile überall billiger werden können, müsste endlich die – seit mittlerweile rund zehn Jahren diskutierte – so genannte »Designschutz-Richtlinie« der EU beschlossen werden. Es geht dabei um die Frage, inwieweit den Fahrzeugherstellern Designschutz für alle sichtbaren Ersatzteile auch zu Reparaturzwecken gewährt werden soll. Kurz gesagt: Ob der – billigere – Nachbau der Teile erlaubt ist oder nicht. Denn der Designschutz hat praktisch eine Monopolstellung der Autoproduzenten zu Lasten freier Teilehersteller zur Folge und es gibt auf diesem Gebiet keinen Wettbewerb. Daher ist aus Konsumentensicht der Verzicht auf den Designschutz in Form einer Reparaturklausel wünschenswert. Der Richtlinienvorschlag sieht nun vor, den Markt für sichtbare Ersatzteile – das betrifft vor allem Karosserieteile, Gläser und Leuchten – zu liberalisieren und damit die Anschaffungskosten für die Autobesitzer zu senken. Wie so oft scheiterte der Vorschlag bisher an der geforderten Einstimmigkeit. Vor allem die großen Erzeugerländer legen sich quer. Trotzdem wird nach wie vor heftig daran gearbeitet, und es ist im Sinn unser aller Geldbeutel zu hoffen, dass es bald zu einer Entscheidung kommt, die zur Verbilligung der Ersatzteile führt.

Bis dahin heißt es, möglichst weit in die Zukunft voraussehen zu können, ob das Auto, dessen Erwerb zur Entscheidung ansteht, mehr oder weniger reparaturanfällig sein wird. Da der Blick in die Glaskugel dabei wenig hilfreich ist, gibt es natürlich Entscheidungshilfen anderer Art. Beim Autofahrerclub liegen Statistiken über Pannen- und Reparaturhäufigkeit vieler Modelle auf, wie zum Beispiel der jährliche deutsche »TÜV-Report«[30], der eine gute Übersicht über Neuwagen genauso wie über Kriterien für gute Gebrauchte liefert. Das Erfreuliche zuletzt: Man braucht nicht zu den teuersten Modellen der Ober- und Luxusklasse greifen, wenn man von einer geringen Reparaturwahrscheinlichkeit ausgehen will. Unter den Testsiegern finden sich durchaus jede Menge alltagstaugliche und leistbare Modelle.

6.2.2. Wartung, Überprüfung und weitere Ausgaben

Jedes Auto muss regelmäßig durch Experten überprüft werden. Das ist einerseits vorgeschrieben – der Gesetzgeber verpflichtet jeden Autobesitzer, einmal jährlich zur Kontrolle der Verkehrs- und Betriebssicherheit sowie Umweltverträglichkeit des fahrbaren Untersatzes Werkstatt oder Automobilclub aufzusuchen. Bei einem positiven Ergebnis erhält man die »Prüfplakette nach § 57a«, österreichweit ganz einfach »das Pickerl« genannt. Ein nagelneues Auto muss, weil es ja nicht sofort unter Abnutzungserscheinungen leidet, erst nach drei Jahren, dann nach weiteren zwei Jahren zur Begutachtung, danach aber jährlich überprüft werden (3-2-1-Regelung). Allerdings wurde festgestellt, dass fast jedes zehnte dreijährige Auto so schwere Mängel hat, dass es bei der Prüfung durchfällt. Um Mängel rechtzeitig zu erkennen und teuren Reparaturen vorzubeugen, wird empfohlen, bereits spätestens nach zwei Jahren freiwillig eine Überprüfung durchführen zu lassen. Vor allem bei Autos, die besonders viel oder extrem wenig gefahren werden, ist die Gefahr von Defekten an der Bremsanlage hoch. Werden Mängel festgestellt, sollte man sie unverzüglich beheben lassen. Das dient nicht nur der Sicherheit, sondern schont auch die Geldbörse, denn wenn man weiterfährt, kann es nur noch schlimmer werden.

Der jährliche Kontrolltermin richtet sich nach dem Monat der Erstzulassung mit einem Toleranzzeitraum von sechs Monaten, beginnend einen Monat vor diesem, und er endet vier Monate danach. Dennoch sollte man nicht zu lange warten. Werden nämlich doch einmal schwere Mängel festgestellt, hat man bei einem früheren Termin mehr Zeit zu überlegen, ob sich eine Reparatur überhaupt noch auszahlt.

Überprüft werden folgende Elemente:
- *Ausrüstung*
- *Beleuchtungs- und Warneinrichtungen*
- *Bremsen*
- *Fahrgestell und Karosserie*
- *Motor*
- *Reifen und Räder*
- *Sicherheitseinrichtungen*

Die Kosten der Pickerl-Überpüfung[31] liegen im Bereich zwischen 28 und 78 Euro, im Durchschnitt bei etwa 47 Euro. Werkstätten sind dabei meist teurer als Automobilclubs, manchmal ist dafür aber die Überprüfung, wenn sie im Rahmen eines Services durchgeführt wird, gratis oder um einen geringen Beitrag inkludiert. Um Kosten zu sparen, sollte man sich unbedingt vorher genau erkundigen. Der Vorteil der Überprüfung beim Club ist überdies, dass dieser selbst keine Reparaturen durchführt und daher einen sehr objektiven Blick auf den Fahrzeugzustand wirft. Trotz strengster Objektivität schaffen vier von fünf Pkw das Pickerl schon beim ersten Mal.
Eine weitere regelmäßige Zustandsüberprüfung bieten die Servicetermine, die zwar nicht gesetzlich angeordnet sind, aber – das gilt vor allem für neuere, aber auch zum Beispiel für leasingfinanzierte Autos – durch sanften Druck des Herstellers die geforderte Freiwilligkeit bewirken. Zum Beispiel bedingen die Garantien, die im Ge-

gensatz zur Gewährleistung eine freiwillige Leistung des Herstellers sind, die Einhaltung der vorgegebenen Serviceintervalle. Diese sind je nach Fahrzeugmarke und -type unterschiedlich, liegen aber in der Regel bei Tacho(ab)ständen zwischen 15.000 und 30.000 Kilometer.

Garantie und Gewährleistung – die ungleichen Schwestern

- Die Garantie *ist ein Versprechen des Herstellers oder des Importeurs, manchmal auch des Händlers, für während der Garantiezeit auftretende Mängel einzustehen. Genau genommen handelt es sich um ein Werbeinstrument, das der Hersteller gestalten kann, wie er will – er bestimmt die Dauer sowie die Bedingungen und kann bestimmte Fahrzeugteile, wie zum Beispiel Verschleißteile (und nicht nur diese) von der Garantie ausschließen. Daher ist es wichtig, sich die Garantiebedingungen genau durchzulesen, um keine bösen Überraschungen zu erleben. Die Gratis-Reparatur wird nämlich oft von Vorgaben wie einem regelmäßigen Service oder der ausschließlichen Verwendung von Originalersatzteilen abhängig gemacht. Es ist aber gesetzlich klargestellt, dass Garantiezusagen ein »Mehr« gegenüber den Gewährleistungsbestimmungen bieten müssen.*
- Die Gewährleistung *hingegen verpflichtet den Verkäufer, für Mängel einzustehen, die eine gekaufte Ware schon von Anfang an – zunächst unbemerkt – hatte. Die Gewährleistung steht jedem Konsumenten gesetzlich zu und darf vom Händler nicht eingeschränkt oder ausgeschlossen werden. Auch ihre Dauer ist gesetzlich festgelegt. Sie verpflichtet den Verkäufer, das mangelhafte Erzeugnis rasch und kostenlos zu reparieren oder auszutauschen. Ist dies nicht möglich, kann der Käufer eine Preisreduktion oder – bei wesentlichen und unbehebbaren Mängeln – die*

Auflösung des Vertrages durchsetzen, das heißt, beide Vertragspartner geben zurück, was sie erhalten haben. Der Käufer hat zwei Jahre Zeit, Mängel geltend zu machen. Dennoch heißt das nicht, dass man die Reklamation auf die lange Bank schieben sollte. Sobald sich herausstellt, dass der erst kürzlich erstandene Wagen nicht einwandfrei ist, sollte man sich schnell mit dem Verkäufer in Verbindung setzen. Denn je mehr Zeit vergeht, umso schwieriger wird es sein, die Ursache des Mangels festzustellen.

Mit der Beanstandung nicht zu lange zu warten, ist noch aus einem weiteren Grund vorteilhaft für den Käufer: Bei allen Mängeln, die innerhalb von sechs Monaten nach Übergabe der Ware auftreten, gilt die Vermutung, dass sie von Anfang an vorhanden waren. Der Käufer muss also nicht mehr mit dem Händler über diese Tatsache diskutieren. Stattdessen trägt der Verkäufer, der das Gegenteil behauptet, die Beweislast. Was ein Mangel ist, hängt davon ab, was mit dem Verkäufer vereinbart beziehungsweise was durch Werbung und Informationsmaterial versprochen wurde. Loben beispielsweise Händler und Prospekt den niedrigen Benzinverbrauch und entpuppt sich der Wagen als wahrer Schluckspecht, ist das ein Mangel.
Die gesetzliche Gewährleistung darf der Händler zwar nie ausschließen, ihre Dauer kann aber beim Gebrauchtwagenkauf verkürzt werden. Wenn ein Fahrzeug länger als ein Jahr zugelassen war, ist eine Verkürzung der Gewährleistungsfrist auf ein Jahr möglich. Aber Achtung: Diese Fristverkürzung muss der Verkäufer mit Ihnen vereinbaren! Ein Hinweis im »Kleingedruckten« oder ein Kästchen zum Ankreuzen reichen nicht aus. Bestehen Sie in jedem Fall auf die Verwendung der neuen Muster-Vertragsformulare durch den Händler. Wenn Sie als Käufer nicht ausdrücklich zustimmen und dies vertraglich festhalten, kann Ihnen die ein Jahr kürzere Gewährleistungsfrist nicht aufgezwungen werden. Sollte der Händler Ihnen aber von Haus aus nur ein Jahr anbieten, haben Sie zwei Möglich-

keiten: Entweder Sie verhandeln über einen günstigeren Preis oder Sie kaufen anderswo. Doch egal, ob Sie ein oder zwei Jahre Gewährleistung vereinbaren: Die sechsmonatige Beweislastregelung zulasten des Verkäufers bleibt gleich.
Auch bei Privatkäufen heißt es aufpassen. Gebrauchtwagenkauf »von privat« ist in der Regel billiger, weil risikoreicher. Einerseits sind die Fahrzeuge meist älter und daher die Herstellergarantien bereits abgelaufen. Andererseits gelten die Konsumentenschutzbestimmungen zwischen privaten Vertragspartnern nicht. Das heißt, der private Verkäufer ist berechtigt, die Gewährleistung auszuschließen. Um dennoch nicht die Katze im Sack zu kaufen, sollte eine so genannte Kaufüberprüfung durch den Autofahrerclub durchgeführt werden.
Auch wenn der Unterschied zwischen Garantie und Gewährleistung eigentlich ganz klar ist, sollte man als Konsument immer aufmerksam sein. Mitunter gehen Autohersteller recht sorglos und großzügig mit diesen Bezeichnungen um. Gern werden beide Begriffe vermischt, was zur Verwirrung der Kunden beiträgt. Da ist dann von »Durchrostungsgewährleistung« die Rede, obwohl eigentlich Garantie gemeint ist. Oder es wird »die Gewährleistung für Verschleißteile ausgeschlossen«. Manche Hersteller scheinen die gute alte Garantie überhaupt aus ihrem Wortschatz gestrichen zu haben. Das ist nicht nur konsumentenrechtlich bedenklich, sondern auch wenig kundenfreundlich.[32]

»Schneller – tiefer – breiter«

Auch beim Thema »Tuning« ist Vorsicht geboten. Nicht alles, was im Autozubehörhandel erhältlich ist, darf einfach montiert werden. Die meisten Veränderungen am Fahrzeug müssen der Behörde gemeldet werden. Ausgenommen von der Meldepflicht sind nur zum Beispiel der Austausch von Rückleuchten oder der Auspuffanlage, oder das Anbringen von Zusatzscheinwerfern und Rückstrahlern, wobei aber die Teile für das konkrete Fahrzeug zumindest genehmigt sein müssen. Autofahrer, die sich für Chip-Tuning, Tönungsfolien, bestimmte Felgen und Reifen, Tieferlegung und Ähnliches interessieren, sollten sich vor der Umsetzung genauestens erkundigen, damit es später keine unangenehmen und teuren Überraschungen gibt.

Fairerweise muss nun an dieser Stelle klargestellt werden, dass solche Ausgaben freiwillige sind. Wer sparsam unterwegs sein will, verzichtet darauf, sein Auto mit derselben Sorgfalt einzurichten wie das Wohnzimmer. So wichtig unsere Mobilität ist – das Auto selbst ist nur das Instrument dafür.

Je nach individueller, vor allem familiärer Situation, haben wir ohnehin noch die eine oder andere Ausgabe zu tätigen. Entweder als Teil der sicheren Ausstattung und Ausrüstung des Fahrzeuges. Dazu zählen zum Beispiel die Ausgaben für Reifen, die etwa nach 40.000 Kilometer Fahrleistung durch neue ersetzt werden sollen, und meist aus einer Doppelgarnitur – Sommer- und Winterreifen – bestehen. Die Kosten für einen Satz neuer Reifen liegen bei mindestens 250 Euro, im Durchschnitt bei rund vier Prozent der Gesamtkosten des Autos. Auch hier gilt: Je nach Fahrzeugmodell, Reifenart, Fahrleistung etc. kann es zu starken Preisabweichungen im Einzelfall kommen.

Weitere Ausgaben für spezielle Situationen: Kindersitze, Fahrradträger, Lastenträger, Frostschutz, neue Scheibenwischerblätter, Motoröl, Autoapotheke, Ersatzlampen, Straßenkarten, Navigationssystem, und, und, und …

7.

Steuerentlastungen

Autofahren ist generell eine finanzielle Last, die wir uns aus den unterschiedlichsten Gründen leisten wollen oder müssen. Der individuelle Nutzen, den wir durch den Besitz eines eigenen Autos erleben, ist offensichtlich größer als alle Unannehmlichkeiten. Einige Interessensgruppen, die uns das Autofahren grundsätzlich verleiden möchten, ohne auch nur einen Gedanken darüber zu verschwenden, ob und unter welchen Umständen der Verzicht überhaupt möglich ist, schlagen immer wieder »Verteuerung« als Wunderwaffe vor. Klingt ganz einfach: Wenn man das Autofahren schon nicht verbieten kann, muss es eben so teuer werden, dass es sich niemand mehr leisten kann. – Niemand? Manche werden es sich immer leisten können und trotzdem fahren. Bestes Beispiel: Londons City-Maut. Die Innenstadtbewohner der überwiegend höheren sozialen Schichten mit gutem Einkommen leisten sich nicht nur weiterhin ihrem Status entsprechende Autos, sondern profitieren zusätzlich auch noch von hohen Rabatten auf die Maut und von der (etwas) geringeren Anzahl an Autos auf den Straßen – dann kommen sie selbst besser voran. Bewohner aus den nicht so betuchten Außenbezirken müssen hingegen jede Fahrt in die City, sei es zum Einkaufen, ins Theater, oder ins Kino, dreimal überlegen. Ein Denkmodell, das davon ausgeht, durch Verteuerungen einen Verzicht zu bewirken, ist zutiefst unsozial und führt schnurgerade in eine Zwei-Klassen-Gesellschaft. Und durch das Zahlen von Abgaben allein wird auch die Umwelt nicht besser.

Wir zahlen beispielsweise für die Fahrt in die Arbeit. Rund die Hälfte aller Erwerbstätigen in Österreich sind Pendler, das heißt sie müssen in eine andere Gemeinde, in einen anderen Bezirk, in ein anderes Bundesland und in manchen Fällen sogar ins Ausland fahren, um an ihren Arbeitsplatz zu gelangen. Eine aktuelle Umfrage[33] zeigt, dass Pendler im Durchschnitt dabei eine einfache Strecke von 48 Kilometer zurücklegen. Zwei Drittel geben an, dass sie mit dem Auto fahren, weil öffentliche Verkehrsmittel nicht oder nicht ausreichend zur Verfügung stehen – zum Beispiel weil der Zeitaufwand damit unverhältnismäßig hoch wäre. 39 Prozent der Befragten sagen sogar, dass sie gar keine Möglichkeit sehen, mit öffentlichen Verkehrsmitteln zu fahren, weil deren Betriebszeiten nicht mit ihren Arbeitszeiten zusammenpassen. Schichtarbeit, Nachtarbeit oder früher Dienstbeginn bedeutet insbesondere im nicht-urbanen Raum, dass auf das eigene Auto nicht verzichtet werden kann. Wenn dann die Spritpreise so hoch sind wie heute, sitzt man in der Falle.

Langfristige, vernünftige Lösungen – Stichworte: Raumplanung, öffentlicher Verkehr – sind gefragt. Kurzfristig muss den Betroffenen aber rasch durch Entlastungsmaßnahmen geholfen werden. Die für bestimmte Fälle vorgesehenen Steuererleichterungen sind zwar meist zu gering, um tatsächlich spürbare Entlastungen zu bewirken – warum gäbe es sonst so viel Kritik seitens der Autofahrer? –, aber es gibt sie und sie sollen hier nicht unerwähnt bleiben. Vielleicht ist ja der eine oder andere wertvolle Tipp für Ihre ganz persönliche Auto-Spar-Strategie dabei.

7.1. Verkehrsabsetzbetrag

Die Kosten der Fahrten zwischen Wohnung und Arbeitsplatz – egal mit welchem Verkehrsmittel – werden aktiven Arbeitnehmern generell durch den Verkehrsabsetzbetrag abgegolten. Man zahlt um diesen Betrag weniger an Lohnsteuer. Der Absetzbetrag wird bei der Gehaltsabrechnung vom Dienstgeber schon automatisch einberechnet und braucht daher nicht eigens beantragt werden.
Der aktuelle Satz beträgt (2008) 291 Euro pro Jahr. Die Bezeichnung »gültig« würde aber eher zutreffen, denn als »aktuell« kann man diesen Betrag schon lang nicht mehr bezeichnen. Die genannten 291 Euro entsprechen »in altem Geld« 4.000 Schilling. Und exakt um diesen Betrag wurden die arbeitenden Menschen schon ab dem Einkommensteuergesetz 1988 von den Kosten des Arbeitsweges entlastet! Obwohl die Kosten für einen privaten Pkw in diesen zwei Jahrzehnten um rund 80 Prozent[34] und die Mehrausgaben für Bahn und andere öffentliche Verkehrsmittel ebenfalls etwa um diesen Wert gestiegen sind, beträgt die Entlastung bis heute keinen einzigen Cent mehr. Eigentlich unglaublich. Tatsächlich müsste der Verkehrsabsetzbetrag heute mehr als 500 Euro betragen und sollte zusätzlich selbstverständlich als so genannte Negativsteuer formuliert werden, damit auch jene davon profitieren können, die wegen zu geringen Einkommens keine oder nur so wenig Lohnsteuer zahlen, dass sie gar nichts von einem Steuerabsetzbetrag haben.
Der Verkehrsabsetzbetrag kommt unabhängig davon zur Anwendung, ob zusätzlich Pendlerpauschale bezogen wird.
Bei beiden Arten der finanziellen Entlastung von Berufstätigen besteht dringender Handlungsbedarf für eine strukturelle Reform. Idealerweise könnten sie zu einer »Mobilitätspauschale« vereint werden, mit differenzierten Staffelungsbeträgen, die auf den jeweiligen Bedarf Rücksicht nehmen. Ziele einer solchen Neuordnung wären die gerechtere Verteilung auf alle, die Unabhängigkeit der Leistung

vom Einkommen, und die Ausrichtung auf moderne Anforderungen an die Flexibilität und Mobilität der Menschen. Die nächste Steuerreform wäre eine gute Gelegenheit zur Umsetzung.

7.2. Pendlerpauschale

Mit dem Verkehrsabsetzbetrag sollen die Wegekosten zum Arbeitsplatz für alle unselbstständig Beschäftigten erleichtert werden – schon dieser Betrag reicht nicht. Pendler im engeren Sinn, die wegen besonders weiter Strecken und/oder wegen Unzumutbarkeit der Benützung öffentlicher Verkehrsmittel auf das eigene Auto angewiesen sind, kommen ohne zusätzliche Unterstützung gar nicht aus. Für sie – etwa 800.000 Personen in Österreich – gibt es eine nach bestimmten Voraussetzungen gestaffelte Pendlerpauschale. Der Begriff der Pauschale bedeutet, dass ein steuerliches Ansetzen der Echtkosten nicht möglich ist. Bei der Pendlerpauschale handelt es sich um eine Form der Werbungskosten. Das sind beruflich veranlasste Ausgaben, vereinfacht gesagt solche, die man tätigen muss, um seinen Arbeitsplatz erhalten zu können. Sie vermindern das steuerpflichtige Einkommen – das heißt, entsprechend seinem Lohnsteuertarif erspart man sich einen bestimmten Prozentsatz der genannten Beträge. Wer aufgrund zu niedrigen Einkommens gar keine Lohnsteuer zahlt, kann bis zu 90 Euro pro Jahr als »Pendlerzuschlag« (Negativsteuer) erhalten. Je nach Voraussetzung, wobei die tatsächliche erfolgte Benutzung des Autos nicht mehr eigens nachgewiesen werden muss, erhält man die »große« oder die »kleine« Pendlerpauschale:

- »Kleine« Pendlerpauschale

Wenn der Weg zwischen Wohnung und Arbeitsstelle mindestens 20 Kilometer beträgt. Bei dieser Weglänge ist es nicht erheblich, ob die

Benutzung eines Massenverkehrsmittels zumutbar ist oder nicht. Die Beträge sind nach Entfernungen gestaffelt und betragen seit 1. Juli 2008 pro Jahr:

ab 20 Kilometer:	630 €
ab 40 Kilometer:	1.242 €
ab 60 Kilometer:	1.857 €

- »Große« Pendlerpauschale

Wenn der Weg zwischen Wohnung und Arbeitsstelle mindestens zwei Kilometer beträgt, aber die Benutzung eines Massenverkehrsmittels nicht möglich oder nicht zumutbar ist. Die Beträge sind ebenfalls nach Entfernungen gestaffelt und betragen seit 1. Juli 2008 pro Jahr:

ab 2 Kilometer:	342 €
ab 20 Kilometer:	1.356 €
ab 40 Kilometer:	2.361 €
ab 60 Kilometer:	3.372 €

Die Benützung von öffentlichen Verkehrsmitteln wird immer dann nicht zumutbar sein, wenn:

- *auf dem halben Arbeitsweg gar kein öffentliches Verkehrsmittel fährt oder zumindest nicht zur erforderlichen Zeit, zum Bespiel bei Nachtarbeit;*
- *wenn eine dauernde starke Gehbehinderung vorliegt;*
- *wenn die einfache Wegstrecke mit öffentlichen Verkehrsmitteln bis 20 Kilometer mindestens 1,5 Stunden, bis 40 Kilometer zwei Stunden und über 40 Kilometer 2,5 Stunden in Anspruch nehmen würde.*

Alle genannten Voraussetzungen müssen im Lohnzahlungszeitraum überwiegend gegeben sein. Leider gehen die Kriterien heute noch immer von herkömmlichen Arbeitsverhältnissen aus. Das meint in der Regel eine 40-Stunden-Woche, aufgeteilt auf fünf Tage pro Woche und rund 20 Arbeitstage pro Monat. Keine Berücksichtigung fand bis dato die Tatsache, dass sich die Strukturen der Arbeitsverhältnisse geändert haben. Immer mehr Menschen müssen – der geforderten Flexibilität gehorchend – mit Werkverträgen, freien Dienstverhältnissen, Teilzeit oder allgemein stark wechselnden Arbeitszeiten ihr Einkommen schaffen. Das bedeutet für immer mehr, dass sie zwar ihr Auto für den Arbeitsweg benötigen, aber die Voraussetzungen für den Bezug der Pendlerpauschale nicht erfüllen können. Zum Beispiel jene, dass die Strecke an mindestens elf Kalendertagen pro Monat zurückgelegt wird. Eine Reform, die diese geänderten Rahmenbedingungen berücksichtigt, ist daher dringend erforderlich.

7.3. Kilometergeld

Das Kilometergeld ist eine pauschale Abgeltung jener Kosten, die anfallen, wenn man sein privates Kraftfahrzeug für Dienstfahrten verwendet. Die Betonung liegt dabei einerseits auf dem Wort »Pauschale« – es wird von einer Vollkostendeckung ausgegangen; und andererseits auf dem Wort »Abgeltung«: Es geht um den Ersatz tatsächlich bereits angefallener Kosten und nicht, wie manchmal von Autogegnern der Eindruck erweckt werden will, um eine »Förderung«.

Die Grundidee des Kilometergeldes als pauschalierter Kostenersatz war eine Vereinfachung für Dienstnehmer, Dienstgeber und nicht zuletzt für die Finanzämter. Verwendet ein Dienstnehmer sein privates Kraftfahrzeug für dienstliche Zwecke, so steht ihm jedenfalls

ein Ersatz der entstandenen Kosten zu. Er kann diese Kosten nun gegen Einzelbelegnachweis im Rahmen der Werbungskosten geltend machen oder, einfacher, den pauschalierten Kostenersatz = Kilometergeld in Anspruch nehmen. In diesem Fall entfällt für den Autofahrer das oft mühsame Sammeln sämtlicher Einzelbelege, für das Finanzamt entfällt die ebenfalls mühsame und zeitaufwändige Prüfung der Belege.
Das »amtliche Kilometergeld« ist in der so genannten Reisegebührenvorschrift gesetzlich für Bundesbedienstete geregelt. In der Privatwirtschaft gilt diese Regelung als Richtschnur. Das Kilometergeld wird dann entweder in einem Kollektivvertrag, in einer Betriebsvereinbarung oder in einer individuellen Vereinbarung zwischen Dienstgeber und Dienstnehmer geregelt. Steuerlich wirkt das Kilometergeld gleichermaßen. In beiden Fällen – Bundesdienst oder Privatwirtschaft – gilt der »amtliche« Kilometergeldsatz als Höchstbetrag der Steuerfreiheit. In der Privatwirtschaft bedeutet dies konkret: Es kann auch ein höheres Kilometergeld bezahlt werden als die »amtlichen« Sätze vorgeben, die Differenz ist jedoch wie ein Lohn zu behandeln und zu versteuern. Auch niedrigere Sätze als die »amtlichen« können – leider – vereinbart werden, steuerlich gibt es dann kein Problem, da die Höchstbeträge nicht erreicht werden. Aber Achtung: Steuerfrei sind Kilometergelder immer nur bis zu einem maximalen Betrag, der 30.000 Jahreskilometern bei »amtlichen Sätzen« entspricht. Darüber hinausgehende Einnahmen aus Kilometergeld sind wie ein zusätzlicher Einkommensbestandteil zu behandeln.
Bis Mitte der 1970er-Jahre wurden Kilometergelder in Österreich auf Basis der tatsächlichen durchschnittlichen Autokosten bezahlt. 1977 einigten sich Bundeskanzleramt, Finanzministerium und Gewerkschaften im Rahmen einer Vereinbarung darauf, die Anpassungen des Kilometergeldes künftig anhand eines vom Österreichischen Statistischen Zentralamt (heute: Statistik Austria) zu berechnenden VPI-Subindex »privater Kraftfahrzeugverkehr« (heute: »Preisindex

für den privaten Pkw-Verkehr«[35]) vorzunehmen. Der Modus lautete sinngemäß: Das Kilometergeld wird immer dann angepasst, wenn seit der jeweils vorhergehenden Erhöhung der »Preisindex für den privaten Pkw-Verkehr« mehr als sieben Prozent gestiegen ist. Diese Vereinbarung beziehungsweise Berechnungsbasis wurde in den Erläuterungen zur Novelle der Reisegebührenvorschrift 1978 beschrieben, jedoch leider nicht in den Gesetzestext selbst aufgenommen – was später zu bereuen war.

2001 wurde nämlich im Zuge allgemeiner budgetärer Sparmaßnahmen die »Vereinbarung« seitens des Bundeskanzleramts für nicht mehr gültig erklärt. Gleichzeitig endete die Subindexberechnung durch die mittlerweile »privatisierte« Statistik Austria, weil dafür der entsprechende Auftrag und die Bezahlung, ebenfalls durch das Bundeskanzleramt, notwendig gewesen wären. Dem bis dahin gut funktionierenden Automatismus der Kilometergelderhöhungen – deren Plausibilität natürlich regelmäßig durch die Autofahrerclubs überprüft wurde – war mit einem Schlag die Basis entzogen worden. Wegen der enormen Bedeutung des Pkw-Indexes nicht nur für die Kilometergeldberechnung selbst, sondern auch als objektiver Maßstab für Verteuerungen rund ums Auto, lassen ihn seit 2001 Autofahrerclubs, Arbeiterkammer, Wirtschaftskammer und Gewerkschaft Öffentlicher Dienst auf eigene Kosten erheben. Die guten Argumente sind nun wieder da, die Berechnungen zahlreich. Doch der Fiskus ziert sich. Das Kilometergeld wurde seither nur zwei Mal angehoben, und zwar im Oktober 2005 auf 38 Cent und im Juli 2008 (nach heftigen Protesten und Forderungen wegen der extrem gestiegenen Kraftstoffkosten) auf 42 Cent. Nach der oben beschriebenen Methode müsste es hingegen seit Mitte 2008 bereits 48 Cent betragen!

Das Ende der automatischen Kilometergeldanhebung im Jahr 2001 hatte den Effekt, dass Autofahrer, die seither ihr privates Kraftfahrzeug für Dienstfahrten einsetzen, mit jedem Kilometer Geld verlieren. Bei 10.000 Jahreskilometern im Auftrag des Dienstgebers war das über

die Jahre ein Verlust von durchschnittlich 40 Euro pro Monat. Ein Kilometergeldsatz von 42 Cent (Juli 2008) kommt nicht im Geringsten an die realen Kosten heran, die bei Dienstfahrten mit dem Privatauto entstehen. Um keine Missverständnisse aufkommen zu lassen, sei es an dieser Stelle nochmals betont: Es geht hier immer um unser eigenes privates Fahrzeug, das vielleicht ursprünglich nur für Urlaub, Familienausflüge und Einkaufsfahrten angeschafft wurde und dessen Existenz unser Arbeitgeber nun nützt, um beruflich bedingte Fahrten gleich damit erledigen zu lassen. Natürlich auch zu seinem Vorteil, denn er erspart sich damit zum Beispiel, einen ausreichend großen Fuhrpark an Dienstfahrzeugen zur Verfügung zu stellen, und kann flexibler auf betriebliche Fahrt-Erfordernisse reagieren.
Leider verdichten sich die Hinweise, dass die Autofahrer nicht nur um eine Erhöhung des Kilometergeldes kämpfen müssen (die ihnen objektiv zusteht), sondern gleichzeitig gegen Bestrebungen, den Satz zu senken. Seltsame Argumente müssen dafür herhalten: Zum Beispiel, dass man durch den Besitz des Autos allein ja bereits die Fixkosten zu tragen hat und daher ein Ersatz der fahrabhängigen Kosten reichen würde. Oder gar, dass mit dem Kilometergeld der Individualverkehr »gefördert«, der öffentliche hingegen links liegen gelassen werde. Oder dass man sich als Autofahrer mit dem Kilometergeld ein »Körberlgeld« verdient! Auch wird den österreichischen Autofahrern gern vorgerechnet, dass in manchen Ländern geringere Kilometergelder ausbezahlt werden. Dabei wird aber verschwiegen, dass dort auch die Autokosten selbst nicht so hoch sind. All jene, die so argumentieren, kann man nur auffordern zu erkennen, dass es beim Kilometergeld um eine ganz sachliche Angelegenheit geht, bei der Emotionen nichts verloren haben. Es geht schlicht um einen Ersatz von Kosten, die beim Dienstnehmer bereits angefallen und von diesem bezahlt worden sind. Fährt er mit der Bahn, werden die Kosten des Tickets ersetzt. Fährt er mit dem Auto, müssen die Kosten für das Auto ersetzt werden.

7.4. Dienstwagen

Bisher sind wir von jenen Fällen ausgegangen, in welchen es egal ist, ob man überhaupt ein Auto besitzt (Verkehrsabsetzbetrag), oder in welchen man sein privates Fahrzeug entweder nur für die ebenfalls als privat geltende Fahrt zum Arbeitsplatz (Pendlerpauschale) oder für dienstliche Fahrten (Kilometergeld) benützt. Jetzt wird der Spieß umgedreht: Mit dem Benützen eines Dienstwagens für private Zwecke.

Darf man ein Firmenauto auch privat nutzen, gilt das allgemein als günstiges Modell für den Dienstnehmer. Es ist aber keineswegs so, dass man das Auto dann kostenlos zur Verfügung hat. Denn die Steuer schlägt auch hier zu: Der so genannten Sachbezug erhöht die Bemessungsgrundlage für Lohnsteuer und Sozialversicherungsabgabe des Gehaltes. Seit 1. Jänner 2005 beträgt der Zuschlag 0,75 Prozent (aber maximal 300 Euro) der Anschaffungskosten, wenn die Privatfahrten unter 500 Kilometer pro Monat bleiben; und 1,5 Prozent (maximal 600 Euro) der Anschaffungskosten, wenn die Privatfahrten ab 500 Kilometer pro Monat betragen. Für die Kilometergrenzen gilt der Jahresdurchschnitt. Man kann also ohne weiteres in einem Monat mehr und in einem anderen Monat dafür weniger fahren. Die Fahrten zwischen Wohnung und Arbeitsplatz zählen zu den Privatfahrten. Als Anschaffungskosten müssen der gesamte Kaufpreis des Fahrzeuges inklusive Sonderausstattung plus Normverbrauchsabgabe und Mehrwertsteuer angesetzt werden, bei Gebrauchtwagen der Neupreis (= der seinerzeitige Anschaffungswert). Verlangt der Dienstgeber für den Privatanteil eine Zuzahlung des Dienstnehmers, dann mindert diese die angeführten Hinzurechnungsbeträge.

Für den Dienstnehmer ist ein Dienstwagen meist dann von Vorteil:

- *wenn viele Privat-Kilometer gefahren werden (dürfen)*
- *und dadurch die Kosten für ein eigenes Auto entfallen;*
- *und/oder wenn das Gehalt bereits über der Höchstbeitragsgrundlage der Sozialversicherung liegt*

Manchmal werden Dienstnehmer vor die Entscheidung gestellt, ob sie lieber mit ihrem privaten Auto auf Kilometergeldbasis fahren oder einen Dienstwagen mit Privatnutzung haben wollen. In diesem Fall ist eine Überschlagsrechnung empfehlenswert, in der man versucht, die künftige Fahrleistung, unterteilt in privat und beruflich, abzuschätzen, dazu die jeweiligen Jahreskosten, sowie Kilometergeld auf der einen Seite (wie viel Kilometergeld zahlt die Firma tatsächlich?) und die Hinzurechnungsbeträge auf der anderen Seite. In den meisten Fällen wird dem Dienstwagen der Vorzug zu geben sein, vor allem im Hinblick auf die unsichere Zukunft des Kilometergeldes.
Apropos Hinzurechnungsbeträge: Man zahlt eigentlich immer dazu, wenn man glaubt, der Arbeitgeber schenke einem etwas. Der Fiskus sieht alle diese Dinge einfach wie einen zusätzlichen Gehaltsbestandteil an und verlangt seinen Anteil. Hat man es endlich geschafft, mit dem Auto an den Arbeitsplatz fahren zu können und findet dort einen vom Dienstgeber bereitgestellten Parkplatz vor, dann zahlt man wieder. 14,53 Euro monatlich beträgt der Hinzurechnungsbetrag in jenen Orten beziehungsweise Zonen in Österreich, in denen sonst eine allgemeine Parkraumbewirtschaftung gilt.

7.5. Vorsteuerabzug

Der Vorsteuerabzug ist eine Möglichkeit für Steuer schonendes Autofahren, die aber leider nur einer kleinen Zahl von Autofahrern zur Verfügung steht. Weil die Vorsteuer, einfach gesagt, nur ein anderer Name für die bereits bezahlte Umsatzsteuer ist, die man sich vom Finanzamt wieder zurückholt, können diese Vorgangsweise nur Unternehmen und Selbstständige ins Auge fassen. Und selbst dann ist sie auf ganz bestimmte Fahrzeuge beschränkt. Im Gegensatz zu vielen anderen Ländern erkennt der österreichische Fiskus nämlich nicht an, dass ein Unternehmen nicht nur Lastkraftwagen, sondern auch ganz normale Autos dienstlich benötigen kann, und behandelt diese aus steuerlicher Sicht genauso wie privat genutzte Pkw. Das ist auch im Hinblick auf die aktuelle Umweltdiskussion sehr schade. Viele Unternehmer, vor allem kleine Gewerbetreibende, werden so indirekt gezwungen, sich ein größeres Fahrzeug mit höherem Kraftstoffverbrauch anzuschaffen, obwohl sie mit einem Wagen der Klein- oder Kompaktklasse auch auskommen könnten. Damit ein Fahrzeug in Ausnahmefällen als betrieblich gelten kann und zum Vorsteuerabzug berechtigt, muss es einige streng definierte Kriterien erfüllen. Diese – wesentlich sind zum Beispiel ein »kastenwagenförmiges Äußeres« oder bestimmte Abmessungen und Verblechungen – können in einer entsprechenden Verordnung nachgelesen werden. Das Bundesministerium für Finanzen veröffentlicht als Serviceleistung regelmäßig die aktuelle Liste[36] aller am Markt erhältlichen Fahrzeuge, die den geltenden Kriterien entsprechen. Als Unternehmer/Selbstständiger, der ein solches Fahrzeug erwirbt, kann man danach auch die Betriebskosten bei der Vorsteuer geltend machen. Privatfahrten sind als so genannter Eigenverbrauch steuerpflichtig. Zum Nachweis empfiehlt sich auch in diesem Fall, so wie bei Kilometergeldbezug und Dienstwagennutzung, ein Fahrtenbuch zu führen.

7.6. Wozu ein Fahrtenbuch?

In einem Fahrtenbuch werden alle Fahrten, die eine Person beruflich und privat unternimmt, aufgezeichnet. Die Führung eines Fahrtenbuchs ist immer dann notwendig, wenn die Fahrten der Finanzbehörde oder manchmal auch dem Arbeitgeber gegenüber nachgewiesen werden müssen, zum Beispiel um Fahrtkosten als Betriebskosten absetzen zu können, um bei Dienstwagen den Hinzurechnungsbeitrag zu belegen oder auch um das Kilometergeld beziehen zu können.

Obwohl »Fahrtenbuch« ein geläufiger Begriff ist, unter dem sich die meisten Autofahrer spontan etwas vorstellen können, liegen die offenen Fragen oft im Detail. Das ist nicht überraschend, denn der Gesetzgeber gibt keine genauen Anweisungen. Er spricht noch nicht einmal vom Fahrtenbuch als solches, sondern ganz allgemein von zur Erbringung von Nachweisen über die Fahrten geeigneten Aufzeichnungen. Eine fortlaufende und übersichtliche Gestaltung wird vorausgesetzt. Die Möglichkeiten der Ausgestaltung im Einzelfall sind daher vielfach, und es gibt keinerlei Garantie, dass die eine oder andere vom Fiskus jedenfalls anerkannt wird.

Als Empfehlung muss daher gelten, die Aufzeichnungen so genau wie möglich zu führen. Einträge in ein vorgefertigtes Fahrtenbuch sind wahrscheinlich glaubwürdiger als achtlos hin gekritzelte Seiten in einem verknitterten Schulheft – wenngleich das natürlich nichts über die Qualität und Richtigkeit des Inhalts aussagt. Zu enthalten hat das Fahrtenbuch jedenfalls die Angaben über die betrieblichen und privaten Fahrten, wie Datum, Ausgangs- und Zielpunkt, Anzahl der gefahrenen Kilometer und Angabe des Fahrtzwecks.

Bei den privaten Fahrten muss man aber den Fiskus nicht so genau in sein Privatleben Einblick nehmen lassen. Sind alle beruflich bedingten Fahrten genau aufgezeichnet, reicht beim Rest die Angabe »privat«, wenn auch diese fehlt, werden die Fahrten automatisch als private gerechnet. Ob man mit der Privatfahrt nun seinen Zahnarzt aufgesucht oder den Wochenendeinkauf im Supermarkt erledigt hat, interessiert das Finanzamt nicht. Sehr wohl aber, ob die Dienstfahrt einem Kundenbesuch galt oder einem anderen Zweck und Ziel.

Papier oder elektronisch? Selbstverständlich hat die Welt der Computer auch auf diesem Gebiet schon längst Einzug gehalten. Viele Menschen, die beruflich viel Zeit im Auto verbringen, haben ihren Laptop dabei und tragen die Daten gleich ein. Diese Vorgangsweise kann sich aber als durchaus problematisch erweisen.

Laut einem Urteil vom Juni 2007 reicht das Führen einer Liste in einem Tabellenprogramm am Computer nicht aus, da hier – zumindest theoretisch – nachträgliche Änderungen der Aufzeichnungen möglich wären. Dies schließt zwar nicht aus, dass in der Zusammenschau mit anderen Argumenten und Aufzeichnungen die anschließend durch die Finanzbehörde vorgenommene Schätzung (beispielsweise des Privatanteils) sehr wohl die Eintragungen der Computerliste berücksichtigt. Es besteht aber bei Verwendung solcher Tabellen eben die Gefahr, dass sie ganz oder teilweise nicht anerkannt werden. Grundsätzlich sind bei der Führung eines Fahrtenbuchs alle Formalvorschriften einzuhalten. Es liegt jedoch darüber hinaus immer im Ermessen der Behörde, ob und in welcher Weise Aufzeichnungen anerkannt werden, die diesen nicht genau entsprechen.

Es gibt auf dem Markt mittlerweile viele entsprechende Softwareprogramme. Diese können zwar das Risiko verringern, jedoch gibt die Behörde nicht von vornherein eine »Garantie«, welche dieser Programme mit Sicherheit anerkannt werden. Die Verwendung liegt in der Eigenverantwortung. Auf der sicheren Seite ist man daher immer noch mit dem klassischen Fahrtenbuch in Papierform!

8.

Europafragen und Zukunftsaussichten

In Zukunft wird das Autofahren wohl anders aussehen als heute. So wie sich das System »Auto« über Jahrzehnte aufgebaut und sukzessive in unser Wirtschafts- und Gesellschaftsleben integriert hat, wird es sich weiter entwickeln und nicht auf dem heutigen Stand stehen bleiben. Ein Blick in die doch noch relativ junge Geschichte des Automobils zeigt, dass weder seine Wertigkeit für die Menschen noch seine Bedeutung für die Wirtschaft über lange Zeiträume unverändert geblieben sind, sei es als Transportmittel, Arbeitsplatzsicherung oder als Einnahmequelle für den Staat. Wir möchten nur gern glauben, dass unsere individuelle Automobilität immer genau so bleiben wird, wie wir sie mit dem ersten Auto erlebt und empfunden haben. Zum Beispiel Anfang der 1970er-Jahre: Man konnte es sich vom selbstverdienten Geld kaufen (der erste Käfer um 500 Schilling!), die Steuer kostete drei Euro pro Monat und ein Liter Benzin 25 Cent. Die Innenstädte waren noch nicht verstopft, und an die Adria brauchte man auch an Samstagen nicht länger als die ohnehin veranschlagte Zeit. In den Ballungszentren entwarfen die verantwortlichen Politiker Konzepte für eine autogerechte Stadt.

In dieser Euphorie über das wunderbare neue Verkehrsmittel, das so viel Unabhängigkeit und Freiheit für alle bieten konnte, waren die Anfänge des Automobils schon wieder vergessen: Diese exotisch anmutende Maschine, die von einigen wenigen seltsamen Ingenieuren in Europa mit ein paar Tropfen Benzin (aus der Apotheke!) dazu gebracht wurde, sich einige Meter vorwärts zu bewegen. Und dann, einigermaßen ausgereift, einer kleinen betuchten Oberschicht zur Verfügung stand und vom Großteil der Bevölkerung mit Häme oder zumindest heftigem Misstrauen bedacht wurde – in etwa so, wie wenn man sich heutzutage sein eigenes Raumschiff leisten würde. Erst als der Bestand an Kraftfahrzeugen ein bestimmtes Ausmaß erreicht hatte, setze auch die Bürokratie ein. 1906 wurden erstmals Kennzeichentafeln (»Erkennungszeichen«) und damit eine Registrierung der wenigen Autos eingeführt – es waren nur einige tausend im gesamten Gebiet der damaligen österreichisch-ungarischen Monarchie –, und auch der Fiskus erkannte bald die neue Einnahmequelle. Die ersten Haftpflichtversicherer traten kurze Zeit später auf den Plan. Vorerst konnte man freiwillig eine Versicherung für die mittlerweile geregelte Haftung abschließen, ab 1930 war eine solche dann verpflichtend. Das anfängliche Misstrauen gegenüber dem Auto verschwand erst langsam mit seiner zunehmenden Verbreitung.

Ganz anders wieder die in den 1980er-Jahren einsetzende Kritik am Autoverkehr, deren zeitliches Zusammentreffen mit der Gründung erster »grüner« Initiativen sicherlich kein Zufall war. Und auch wenn im Einzelfall Panikmache vor Sachlichkeit stand, so hat doch das Aufwerfen von Fragen der Umweltbelastung ein neues Bewusstsein und einen neuen Umgang mit dem Straßenverkehr bewirkt.

Steuern, Mauten, Kraftstoffpreise und Entlastungsszenarien haben sich immer wieder den aktuellen Gegebenheiten und Notwendigkeiten angepasst. Und das wird auch weiterhin so sein. Es lohnt sich daher, schon heute einen Blick über den Windschutzscheibenrand des eigenen Autos zu werfen, um die Richtung der wichtigsten Themen zu erkennen, die uns Autofahrer in absehbarer Zukunft betreffen: Kosten- und Umweltfragen, die immer öfter miteinander verknüpft werden.

Dass seit 1995 auch in Österreich die Europäische Union bei vielen verkehrsrelevanten Themen ein Wort mitzureden hat, ärgert zwar manchmal, sollte uns aber insgesamt eine großzügige Beurteilung wert sein. Zwei der vier Grundfreiheiten, deren Fahne die EU hoch hält, sind der freie Personen- und Warenverkehr. Und wer Teil der Gemeinschaft ist, kann auch selbst mitreden. Viel Positives ist dabei für Autofahrer schon erreicht worden. Als Beispiel seien hier nur die höheren Versicherungssummen in der Kfz-Haftpflichtversicherung genannt oder die nunmehr erleichterte Durchsetzung von Ansprüchen nach einem Unfall in einem anderen Mitgliedsland. Oder technische Bestimmungen, die den Import von wenig sicheren Autos in EU-Länder verhindern. Und das schönste an den Verbesserungen für Konsumenten ist, dass sie, einmal beschlossen (was, zugegeben, etwas dauern kann), für alle Autofahrer in der Europäischen Union gleichermaßen gelten. Wir leben eben nicht am abgeschotteten »Planeten Österreich«, sondern wollen mit dem Auto ab und zu auch andere Länder im wahrsten Sinn des Wortes erfahren. Dies überall unter denselben Regeln tun zu können, gibt ein gutes Gefühl von Sicherheit. Und trotzdem bleiben noch viele Themen übrig, die den Mitgliedsländern selbst für nationale Bestimmungen überlassen sind. Das ist auch gut so. Warum sollte man auch zum Beispiel auf Malta eine Schneekettenpflicht einführen? Oder ein Gefahrenzeichen »Elch«?

8.1. Die Kosten und Leistungen des Straßenverkehrs

Steuern, Gebühren und Mauten belasten nicht nur die österreichischen Autofahrer, sondern auch jene in den anderen Mitgliedsländern (und natürlich auch in den Nicht-EU-Staaten). Für einige der Abgaben gibt die Europäische Union Bestimmungen vor, die jedoch meist eher allgemeiner Art sind und die Ausgestaltung im Detail den Nationalstaaten überlassen. Für eine echte Harmonisierung im Sinn einheitlicher Bestimmungen in allen Ländern sind diese noch nicht bereit. Zu unterschiedlich haben sich im Lauf der jüngeren Geschichte die Steuersysteme und die Gestaltung der Straßenfinanzierung entwickelt.

Bei der Beurteilung des Grades an »Einmischung« durch die EU in die nationale Abgabenstruktur des Straßenverkehrs kann man vorerst relativ beruhigt davon ausgehen, dass es die privat genutzten Pkw am wenigsten trifft. Hingegen sind Bestimmungen für den gewerblichen Güterverkehr – damit meint die EU Kraftfahrzeuge mit mehr als zwölf Tonnen höchstzulässigem Gesamtgewicht – durchaus ein großes Anliegen. Als bekanntestes Regelwerk ist die so genannte »Wegekosten-Richtlinie« zu nennen. In Wirklichkeit heißt sie »Richtlinie über die Erhebung von Gebühren für die Benutzung bestimmter Verkehrswege durch schwere Nutzfahrzeuge« oder kürzer »Eurovignetten-Richtlinie«, es hat sich aber im Sprachgebrauch der Verkehrsexperten der gängigere Begriff der Wegekosten durchgesetzt. Damit werden die Grundlagen, die Berechnung und die Einhebung von Mauten für den Schwerverkehr in der gesamten Union streng definiert. Kein Land wird zwar damit gezwungen, Lkw-Mauten einzuführen, sobald es das aber tut, hat es sich an die Vorgaben der Richtlinie zu halten.

Für den Pkw-Verkehr fehlen entsprechende Bestimmungen, was dahingehend interpretiert werden kann, dass jeder Nationalstaat für sich entscheidet, ob und unter welchen Bedingungen Mauten erhoben werden. Bei den Steuern selbst gibt die EU bis dato nur Mindestsätze bei der Mineralölsteuer sowie ganz allgemein eine Bandbreite für die Sätze der Mehrwertsteuern vor. Eine weitere Richtlinie, welche die Abschaffung aller Zulassungssteuern (in Österreich wäre davon die Normverbrauchsabgabe betroffen) sowie Empfehlungen für eine CO_2-Komponente in der Kfz-Steuerberechnung vorsieht, harrt seit Jahren ihres Beschlusses. Die Mehrwertsteuer (richtiger: Umsatzsteuer) wird in der öffentlichen Diskussion um Autokosten übrigens häufig in Frage gestellt. Denn sie ist keine kraftfahrzeugspezifische Abgabe, sondern fällt auf alle Güter und Dienstleistungen an, die von Endverbrauchern zu bezahlen sind (Unternehmer holen sich bereits bezahlte Mehrwertsteuern als so genannte Vorsteuer wieder vom Staat zurück). Faktum ist jedoch, dass sie bei allen Ausgaben für das Auto ebenso anfallen. Zählt man alle Steuerleistungen der Autofahrer zusammen, gehört sie einfach dazu. Die folgende Übersicht zeigt Art, Berechnung und Gesamtvolumen (2008) der Abgaben aus dem Straßenverkehr in Österreich, und ob dabei eine EU-Vorgabe einzuhalten ist:

Abgabe	EU-Vorgabe	Abgabenpflicht	Berechnung	Aufkommen p.a.
Mineralölsteuer	Ja: Mindestsätze	Fixbetrag pro Liter Kraftstoff	Benzin: € 0,442 (schwefelarm + Bio-Mindestanteil), sonst € 0,475 Diesel: € 0,347 (schwefelarm + Bio-Mindestanteil) sonst € 0,375	Gesamt: € 4,1 Mrd. Durchschnitt pro Auto: ca. € 400 jährlich
NoVA (Normverbrauchs-Abgabe)	Nein: Derzeit (noch) nationale Bestimmung, EU-Richtlinie mit dem Ziel ihrer Abschaffung in Arbeit	Erstmalige Zulassung von Pkw/Kombi (auch Motorräder) in Österreich	Prozentsatz vom Fahrzeugpreis (max. 16%), abhängig von Normverbrauch und Abgaswerten	Gesamt: € 530 Mio. Durchschnitt pro Auto: € 1.770 bei Erstzulassung
Zulassungsgebühr	Nein: Nationale Bestimmung (Gebührengesetz)	Bei jeder Zulassung eines Kfz fällig; Einhebung über Zulassungsstelle	Fixe Beträge je nach Fahrzeugart	Gesamt: € 70 Mio. Pro Auto: € 170
Motorbezogene Versicherungssteuer	Nein: Nationale Bestimmung. EU-Richtlinie mit Empfehlungen zu CO_2-Komponente in Arbeit	Inländische Kfz bis 3,5 Tonnen höchstzulässiges Gesamtgewicht	Abhängig von Motorleistung und Zahlungsart. Pkw: (kW minus 24) pro Monat mal Euro: zwischen 0,550 und 0,605	Gesamt: € 1,4 Mrd. Durchschnitt pro Auto: ca. € 340 jährlich
Mautvignette	Grundsätzlich Nein: Nationale Bestimmung.(EU hat jedoch zusätzlich zur Jahresvignette Kurzzeitvignetten verlangt)	In- und ausländische Kfz bis 3,5 Tonnen höchstzulässiges Gesamtgewicht, bei Benützung von Autobahnen und Schnellstraßen	Mehrspurige Kfz bis 3,5 Tonnen: 10-Tages-Vignette: € 7,70; 2-Monats-Vignette: € 22,20; Jahresvignette:€ 73,80	Gesamt: € 340 Mio. Pro Auto: € 73,80 (Jahresvignette)
Mehrwertsteuer (allgemeine Umsatzsteuer)	Ja: Vorgabe einer Bandbreite	Endverbraucher (bei Erwerb von Waren oder Dienstleistungen)	20 Prozent	Gesamt aus dem Pkw-Verkehr (geschätzt): knapp € 4 Mrd. Pro Auto: ca.€ 900
Versicherungssteuer (spezielle Umsatzsteuer)	w.o.	w.o. – speziell für Versicherungsprämien	11 Prozent	Gesamt: € 320 Mio Pro Auto: ca. € 75
Kraftfahrzeugsteuer	Nein: Nationale Bestimmung	Inländische Kfz über 3,5 Tonnen höchstzulässiges Gesamtgewicht	Pro Tonne und Monat zwischen € 2,54 und 3,08, gestaffelt nach höchstzulässigem Gesamtgewicht	Gesamt: € 90 Mio. Pro Kfz: ca. € 200
Lkw-Maut	Ja: »EU-Wegekosten-Richtlinie«	In- und ausländische Kfz über 3,5 Tonnen höchstzulässiges Gesamtgewicht, bei Benützung von Autobahnen und Schnellstraßen	Pro Kilometer, gestaffelt nach Achszahl: € 0,158 bis 0,3318	Gesamt: € 840 Mio Durchschnitt pro Kilometer: € 0,26
Streckenmauten	teilweise	Nur bestimmte Strecken	Unterschiedlich, abhängig von Strecke	Gesamt: € 120 Mio

8.2. Umwelt und Kosten – die ungleichen Zwillinge

Obwohl von unterschiedlicher Herkunft werden Umwelt- und Abgabenpolitik im Straßenverkehr zunehmend verknüpft, um die Ziele der ersten mit den Maßnahmen der zweiten zu erreichen. Es scheint derzeit sogar, als versuchten einander Europäische Union und einzelne Mitgliedsländer mit Vorschlägen dafür zu übertrumpfen. Die Herausforderung für die Politik besteht darin, die Waage zwischen zwei Strömungen zu halten: Einerseits das Recht jedes Einzelstaates (bis hin zur Ebene der Gemeinden) auf Selbstbestimmung, andererseits die Harmonisierung von Vorschriften, damit die Autofahrer Europas nicht mit einer Vielzahl unterschiedlicher Regelungen überfordert werden.

Beispiel 1: Stadtverkehr – Sind Europas Ballungszentren überlastet?

Zu viele Autos in historisch gewachsenen Innenstädten veranlassen immer häufiger die verantwortlichen Stadtpolitiker, Restriktionen zu setzen. Waren es bisher City-Maut (Beispiel London) oder Parkraumbewirtschaftung (Beispiel Wien), so ist in jüngster Zeit die Definition von »Umweltzonen« (Beispiel Berlin) modern geworden, in die man nur mehr mit Fahrzeugen einfahren darf, die einen bestimmten Schadstoffausstoß nicht überschreiten. So unterschiedlich die Ansätze auch sind, so haben sie doch eines gemeinsam: Hohe Kosten für die Autofahrer.

In Wien sind bereits sieben der insgesamt 23 Bezirke flächendeckende Kurzparkzonen, in einigen weiteren Bezirken gibt es – zum Teil umstrittene – Sonderlösungen. Generell kostet eine halbe Stunde Parken 60 Cent. Das erscheint auf den ersten Blick wenig, kann sich aber rasch summieren. Zwei Stunden parken in der Kurzparkzone an jedem

Werktag ergeben 50 Euro pro Monat. Ausnahmebewilligungen für Bewohner dieser Bezirke kosten 135 Euro pro Jahr, natürlich ohne Garantie, dafür einen Parkplatz zu finden. Ein Dauerparkplatz in einer Garage kann bis zu 320 Euro pro Monat kosten. Wer nur kurz in einer Garage parken will, zahlt, je nach Lage, manchmal schon mehr als vier Euro pro Stunde. Dazu kommt das Ärgernis, dass nur selten halb- oder viertelstündlich abgerechnet wird. Das bedeutet meist, dass eine ganze Stunde fällig gestellt wird, selbst wenn man nur eine Minute zu spät zum Auto zurückkehrt.

In London bezahlt man für die Einfahrt in die City-Maut-Zone rund zwölf Euro, während Paris dasselbe Modell als »unsozial« heftig ablehnt. In etlichen deutschen Städten sind seit kurzem Zonen definiert, in die man nur mit einem am Auto angebrachten Aufkleber einfahren darf, der die Schadstoffklasse anzeigt – natürlich ebenfalls nicht kostenlos. Dazu gibt es weitere, beinahe schon unzählige, Einzelregelungen in anderen Städten Europas.

Die EU-Kommission hat Handlungsbedarf gesehen und eine Art Leitfaden (»Grünbuch«) für Verkehr in den Städten vorgelegt (»Urban Mobility«). Herausgekommen ist, verkürzt gesagt, eine Auflistung diverser Ansätze, wie es besser funktionieren könnte als jetzt. Dagegen ist an sich noch nichts einzuwenden. Die Autofahrer Europas müssen sich jedoch gegen alle Einmischungsversuche wehren, die Einschränkungen und Mehrkosten mit sich bringen, ohne dass Nachweise für deren Wirksamkeit erbracht werden müssen. Die Gestaltung tatsächlich notwendiger Beschränkungen muss so transparent und vorhersehbar wie möglich erfolgen. Ansonsten würde ein Zukunftsszenario wohl so aussehen, dass man bei einer Autofahrt durch Europa in jeder Stadt anderen Regelungen und Kundmachungsformen gegenübersteht und die meiste Zeit der Reise mit dem Einholen entsprechender Informationen, Formulare und Aufkleber verbringt.

Beispiel 2: Externe Kosten – Sind Europas Straßen überlastet?

Insbesondere die Transitstrecken bedürfen nach Ansicht der EU-Kommission neuer Regelungen für die Bemautung, damit die vor allem durch den Schwerverkehr immer größer werdenden Belastungen gemäß dem »Verursacherprinzip« durch diesen bezahlt werden. Im Rahmen der bereits erwähnten Wegekosten-Richtlinie wurden daher schon im Jahr 2006 europaweite Studien zur Erhebung aller Folgekosten des Verkehrs beauftragt. Vom Grundprinzip, sich ausschließlich mit dem Schwerverkehr und da wiederum nur mit jenem am hochrangigen Straßennetz zu befassen, wird in den diversen Untersuchungen abgegangen. Betrachtet wird nämlich jeglicher Verkehr auf allen Arten von Straßen. Was zu einem guten Teil einfach daran liegt, dass bestimmte Kosten gar nicht einem speziellen Verkehrsbereich zugerechnet werden können. Das ist schon bei den direkten Abgaben schwierig genug. Diese belegen allerdings, dass zumindest der Pkw-Verkehr die durch ihn verursachten Kosten überdeckt. Kein Wunder, wenn wir Autofahrer so viel zahlen!

Was sind nun »externe Kosten«? Darunter versteht man jene Kosten, die den Verursachern von negativen Effekten (Abgase, Lärm, Unfälle, Stau ...) angelastet werden sollen, weil sie auch jene Menschen damit behelligen, die selbst gar keine Verkehrsteilnehmer sind (zum Beispiel Anwohner einer Transitstrecke). Man kann sich leicht vorstellen, welche Vielzahl an Schwierigkeiten die Berechnungsversuche mit sich bringen. Das beginnt schon bei der Definition der einzelnen negativen Effekte, und geht über die Schwierigkeiten der Zurechnung bis hin zur Frage, warum nicht auch die positiven Effekte des Verkehrs in die Betrachtung miteinbezogen werden. Nur ein Beispiel: Angenommen, Sie benötigen für Ihren Weg zur Arbeit mit öffentlichen Verkehrsmitteln eine Stunde. Mit dem Auto dauert derselbe Weg normalerweise nur 20 Minuten, wegen des allmorgendlichen Rush-hour-Staus aber eine halbe Stunde. Weshalb sollte nun bei Betrachtung des Gesamtsystems die 10-Minuten-Differenz der Autofahrt auf Ihre Kosten der Gesamtheit der Gesellschaft als »Stauzeit« abgegolten werden, die Zeitdifferenz zu Bus und Bahn aber nicht? Und warum sollte man überhaupt davon ausgehen, dass die Allgemeinheit irgendeinen Schaden aus der Tatsache erleidet, dass einige Personen in ihrem eigenen Auto zehn Minuten im Stau verbracht haben?

So richtig abstrus werden die Argumente, wenn es um Umwelt- und – insbesondere – um Unfallfolgekosten geht. Diverse Berechnungen für Österreich schätzen die Folgekosten der Verkehrsunfälle für die Allgemeinheit in Beträgen zwischen etwa 2,5 bis zu zehn Milliarden Euro pro Jahr: Eine »Unschärfe« von 75 Prozent! Und wenig Berücksichtigung findet auch die Tatsache, dass der Verkehr ohnehin schon große Summen an Abgaben abliefert, die natürlich zur Abdeckung seiner Kosten verwendet werden sollten, aber meist anderen Verwendungszwecken dienen. Ehrlicher und Ziel führender wäre es, die Staaten würden aus den enormen Einnahmen die negativen Folgen des Verkehrs verhindern beziehungsweise beseitigen, anstatt sie zur Rechtfertigung neuer Einnahmequellen heranzuziehen. Jetzt zum Beispiel mehr Geld in Maßnahmen zur Unfallverhütung zu investieren, bewirkt künftig die Vermeidung nicht nur von Folgekosten, sondern erspart auch viel Leid. Ähnliches gilt für Umweltmaßnahmen. Das Vermeiden aller negativen Folgen des Verkehrsgeschehens sollte immer weit vor Überlegungen zur Abgeltung durch Mehrkosten stehen.

Wie auch immer die Ergebnisse der Studien über externe Kosten ausfallen werden – die EU wird sie dazu heranziehen, entsprechend ihren Grundsätzen die Bestimmungen für den Schwerverkehr zu betrachten und eventuelle Erhöhungen von Lkw-Mauten in Europa zu fordern oder – je nach Sichtweise der Betroffenen – zu erlauben. Beim Pkw-Verkehr mischt sie sich nicht ein. Als europäische Autofahrer mit Interesse für Zukunftsfragen der Mobilität sollten wir aber dennoch diese Diskussion nicht aus den Augen verlieren. Denn sie weist in eine Rich-

tung, welche die Verkehrspolitik nicht mehr verlassen wird, auch wenn kurzfristig keine Änderungen für private Pkw-Besitzer aus dem Titel der externen Kosten erwachsen werden. Kostenberechnungen dieser Art, seien sie auch im Detail noch so kritikwürdig, werden von Regierungen und Autogegnern im Fall des Falles immer willkommen sein, um neue Belastungsideen zu rechtfertigen.

Beispiel 3: CO_2 – Ist Europas Luft überlastet?

Nicht nur in Europa, sondern weltweit scheint der Planet durch Abgase gefährdet. Als Hauptverursacher wird heute Kohlenstoffdioxid identifiziert – und zwar vor allem jenes aus dem Kraftfahrzeugverkehr. Kohlenstoffdioxid (CO_2) ist ein farbloses, nicht brennbares, geruchloses und ungiftiges Gas, das mit ca. 0,03% natürlicher Bestandteil der Erdatmosphäre ist. Es ist für langwellige Wärmestrahlen »undurchlässig« und verhindert so eine gleichgewichtige Abstrahlung der auf die Erde treffenden Sonnenstrahlen. Dadurch werden auf der Erdoberfläche die zum Leben notwendigen Temperaturen eingestellt. Ob tatsächlich die zunehmenden CO_2-Emissionen, insbesondere aus den industrialisierten Ländern, das Klima bedrohen, und wenn ja, in welchem Ausmaß, werden die vielen Millionen Nicht-Wissenschafter auf der Welt natürlich selbst kaum beurteilen können, sondern sie werden den Experten glauben müssen. Die öffentliche Diskussion ist allgegenwärtig, und an Argumenten fehlt es auf keiner Seite.
Zwei Aspekte sollten aus Sicht der Autofahrer an dieser Stelle aber doch beleuchtet werden. An erster Stelle die manchmal unsägliche Panikstimmung, die vor allem von Autogegnern gern verbreitet wird. Waren es vor nicht einmal zwei Jahren die Dieselpartikel, die für die Verbreitung von – hochgerechneten, nicht nachgewiesenen – Horrorzahlen an Toten sorgten, so ist es heute das CO_2. Wenngleich die Gefährlichkeit beider Stoffe nicht in Frage gestellt werden soll und deren

Vermeidung ein wichtiges Ziel bleibt, so muss fairerweise auch dazugesagt werden, dass solche, als »Statistikzahlen« dargestellte Daten meist einfache Schätzungen sind, die mit einer bestimmten Absicht der Meinungsbeeinflussung publiziert werden, aber keineswegs wissenschaftlich abgesicherte Fälle darstellen. Viele Autofahrer in Europa können sich sicherlich noch an das »Waldsterben« der 1980er-Jahre erinnern und erkennen die Parallelen im Umgang mit der vermeintlichen Bedrohung der Umwelt damals wie heute. Die Angst vor dem Waldsterben hatte sich nach einiger Zeit erübrigt, als man erkannt hat, dass der Wald gar nicht stirbt. Übrig blieb ein gestiegenes Umweltbewusstsein, das zu vielen positiven Fortschritten auch und besonders im automotiven Bereich geführt hat, wie zum Beispiel Katalysatoren in Benzinmotoren und die Einführung blei- und schwefelfreier Kraftstoffe. Der Bedrohung durch Dieselpartikel wurde binnen kurzer Zeit die Einführung von entsprechenden Filtern, inklusive finanzieller Belohnung für deren Erwerb, entgegengesetzt. In der laufenden Diskussion wird oft so getan, als ob unsere Luft so schlecht wäre wie nie zuvor. In Wahrheit hat sich die Luftqualität in den letzten 20 Jahren erheblich verbessert, die Schadstoffbelastung ist stetig gesunken. So nahmen die Emissionen an Kohlenmonoxid zwischen 1980 und 2005 um mehr als 90 Prozent ab, an Stickoxiden um etwa 50 Prozent. Der Schwefeldioxid-Ausstoß sank sogar um mehr als 90 Prozent – deshalb ist »saurer Regen« heute kein Thema mehr. Beim Feinstaub (PM 2,5, das sind Partikel von zweieinhalb Tausendstel Millimeter Größe) ist seit 1990 ein Minus von 40 Prozent zu verzeichnen. Das sind Fakten. Und ruhig und sachlich wie diese sollten wir auch an das CO_2-Problem herangehen.

Womit wir beim zweiten wichtigen Aspekt wären, der beinahe schon als Appell an alle mit dem Thema befassten Politiker und Meinungsbildner zu verstehen ist, in der CO_2-Diskussion ausschließlich Tatsachen statt Emotionen sprechen zu lassen. Die Verteilung des CO_2-Ausstoßes in Österreich nach Verursachern zeigt folgendes Bild[37]:

CO_2-Äquivalent-Emissionen
2007 in Österreich
(in Millionen Tonnen = 10^6 t)
Insgesamt 92 Millionen Tonnen

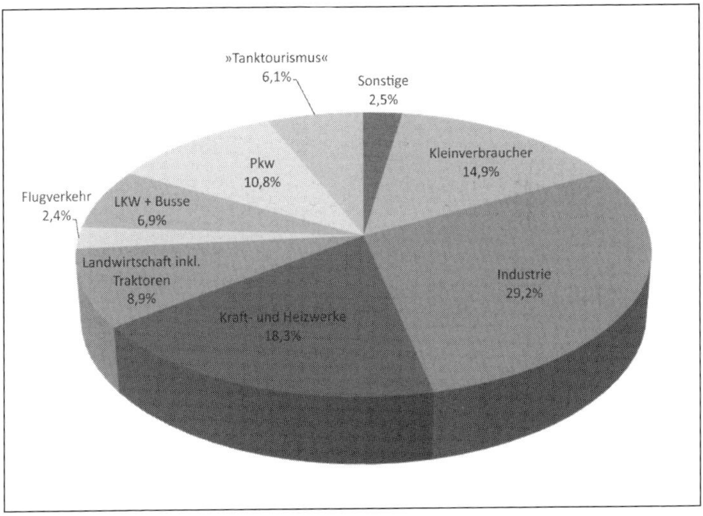

Von dem rund 24 Prozent betragenden Anteil CO_2-Äquivalent, das dem Straßenverkehr zugerechnet wird, stammen bei differenzierter Betrachtung tatsächlich nur knapp elf Prozent vom heimischen Pkw-Verkehr. Wir Autofahrer sollten uns zwar als Verursacher dieser Tatsache stellen, uns jedoch nicht gleich die Gesamtlast aller anderen Verursacher mit aufbürden lassen. Zu verführerisch ist es für die Politik, die anderen Emittenten zu schonen, die in jeder Diskussion rasch staatstragende Gegenargumente bei der Hand haben. Wer will schon dafür verantwortlich gemacht werden, wenn Industrien drohen abzuwandern, oder Haushalten ein Verbot ihrer umweltunfreundlichen Heizungen erklären? Beim privaten Pkw-Verkehr ist das viel einfacher: Man erklärt ihn kurzerhand für »unnotwendig« und entgeht

damit jeglichen Protesten, weil die Autofahrer ohnehin schon das schlechte Gewissen plagt.

Dabei wäre eine emotionslose, faktenorientierte Betrachtungsweise Ziel führender, wenn jeder der Verursacher »seinen Anteil« am Problem lösen würde. Die Autofahrer haben übrigens längst damit begonnen: 2006 sank der Anteil des im Inland verursachten CO_2 um 2,3 Prozent, Autoneukäufer achten zunehmend auf geringe Verbrauchswerte.

Zu der erkennbaren Tatsache, dass nicht der Verkehr – und schon gar nicht der Pkw-Verkehr – Hauptverursacher der CO_2-Problematik ist, kommt noch ein österreichisches Spezifikum: Der Tanktourismus. Aufgrund des Preisunterschiedes, insbesondere im Vergleich zu Deutschland, wird eine große Menge Sprit zwar in Österreich getankt, aber im Ausland verfahren. Damit fällt auch die entsprechende Menge CO_2 faktisch nicht im Inland an, wird aber trotzdem Österreich zugerechnet. Grund dafür ist, dass jedem Land das anteilige Kohlendioxidvolumen nach Maßgabe des Kraftstoffumsatzes zugerechnet wird. Ein Fehler im Verteilungsschlüssel, für den die Autofahrer ganz einfach nicht zur Kasse gebeten werden dürfen, weder jetzt noch in Zukunft. Vorsicht ist geboten: Denn Österreich spielt gern die Rolle des Musterschülers in Europa. So ist zum Beispiel die Rechtfertigung für die Beimischung von Biosprit seit 2005 (Diesel) beziehungsweise 2007 (Benzin) mit dem Hinweis auf Vorschriften der EU grundsätzlich nicht falsch. Es wird aber gern vergessen zu erwähnen, dass diese erst ab 2010 gelten werden. Wobei im Moment gar nicht abzusehen ist, ob es nicht noch vorher zu einer Revision kommen wird. Denn die extremen Preiserhöhungen der letzten Zeit, insbesondere bei Lebensmitteln, hat der Euphorie über das Zaubermittel Biokraftstoff zur Lösung aller (Umwelt-) Probleme einen gehörigen Dämpfer versetzt. In Deutschland wurde die bereits geplante Verpflichtung zur Substitution bestimmter Mengen im letzten Moment ausgesetzt, weil ein höherer Beimischungsgrad technische Probleme bei Millionen älterer Autos

verursachen hätte können. In Österreich ist das zwar nicht der Fall, weil die derzeitigen maximal fünf Prozent nicht schaden. Weitere Erhöhungen des biogenen Zumischungsanteils sollten aber aus all den genannten Gründen gut überlegt werden.
Nun liegt der Ball der CO_2-Reduktion bei den Autoherstellern. Diese zieren sich zwar nach außen hin gern, die Erfahrung lehrt jedoch, dass sie im Fall des Falles immer rasch auf neue Erfordernisse, vor allem auf dem Umweltsektor, zu reagieren imstande waren. Die Europäische Union arbeitet an Vorgaben, die den Kohlendioxid-Ausstoß neuer Autos künftig eindeutig festlegen und damit beschränken werden. CO_2-Komponenten verschiedenster Steuern in ganz Europa – oder noch besser finanzielle Anreize für die Konsumenten – werden ein Übriges tun, um den Erwerb noch umweltfreundlicherer Fahrzeuge anzukurbeln, damit diese so rasch wie möglich den umweltunfreundlicheren Altbestand ersetzen.

Fazit

Bei sämtlichen Überlegungen und Maßnahmen dürfen Politik und alle Verantwortlichen sowie Meinungsbildner das einfache, vordergründige Ziel nie aus den Augen verlieren: Im Mittelpunkt müssen immer die Menschen und ihre Bedürfnisse nach möglichst uneingeschränkter und leistbarer Mobilität in einer gesunden Umwelt stehen.

Anhang

[1] Statistik Austria: Ausstattung privater Haushalte, Konsumerhebung 2004/2005
[2] Fachverband der Fahrzeugindustrie Österreichs: Statistikjahrbuch 2008
[3] ASFINAG: Österreichische Autobahnen- und Schnellstraßen-Finanzierungs-Aktiengesellschaft
[4] ÖAMTC Studie: »Ärgernisse und Tugenden der Autofahrer. Des einen Lust – des anderen Frust« – Repräsentative telefonische Umfrage unter 1.000 AutofahrerInnen, durchgeführt von Spectra Marktforschung, 2004
[5] ÖAMTC Studie: »Die Österreicher und die Kosten fürs Auto« – Ergebnisse einer repräsentativen Umfrage unter 1.000 österreichischen AutofahrerInnen, durchgeführt von Spectra Marktforschung, 2005
[6] ÖAMTC: Berechnungen auf Basis der Autodatenbank: www.oeamtc.at/auto-info
[7] ÖAMTC Studie: »Die Österreicher und die Kosten fürs Auto« – Ergebnisse einer repräsentativen Umfrage unter 1.000 österreichischen AutofahrerInnen, durchgeführt von Spectra Marktforschung, 2005
[8] Statistik Austria: Index für den Privaten Pkw-Verkehr; beauftragt von Arbeiterkammer, Wirtschaftskammer, Gewerkschaft öffentlicher Dienst, sowie den beiden Autofahrerclubs ÖAMTC und ARBÖ
[9] Im Jahr 2000 wurde das Basisjahr auf »5er-Schritte« (anstatt vorher alle zehn Jahre im Jahr mit »6«, z.B. 1976, 1986, usw.) umgestellt.
[10] www.oeamtc.at/auto: Autokaufratgeber
[11] www.oeamtc.at
[12] http://ec.europa.eu/comm/competition/sectors/motor_vehicles/prices/report.html
[13] ÖAMTC Studie: »Die Österreicher und die Kosten fürs Auto« – Er-

gebnisse einer repräsentativen Umfrage unter 1.000 österreichischen AutofahrerInnen, durchgeführt von Spectra Marktforschung, 2005

[14] www.eurotaxglass.at

[15] §2 Abs. 1 Kraftfahrzeug-Haftpflichtversicherungsgesetz 1994

[16] Verein für Konsumenteninformation (VKI), www.konsument.at

[17] Vgl. Versicherungsleitfaden, Verband der Versicherungsunternehmen Österreich, www.vvo.at

[18] ebenda

[19] Fachverband der Mineralölindustrie Österreichs: Jahresbericht 2006

[20] Joint Oil Data Initiative, www.jodidata.org

[21] www.oeamtc.at/sprit

[22] www.oeamtc.at: Verkehr → Tanken

[23] ÖAMTC Akademie: www.oeamtc.at/akademie

[24] www.eckhart.de: Zitat von Freidank, mittelhochdeutscher Dichter 12./13. Jahrhundert

[25] ASFINAG: Autobahnen- und Schnellstraßen-Finanzierungs-Aktiengesellschaft. Plant, finanziert, baut, erhält, betreibt und bemautet das gesamte österreichische Autobahnen- und Schnellstraßennetz

[26] Die Maastricht-Kriterien der EU regeln Grenzwerte für Schulden und Defizite der öffentlichen Haushalte, sowie Inflationsrate und langfristige Zinssätze in den Mitgliedsländern

[27] Wilfried Puwein: Finanzierung des Autobahn- und Schnellstraßennetzes in Österreich, WIFO Monatsberichte 2/2007; S. 141

[28] Arbeiterkammer: Bundesweite Erhebung der Fahrschulpreise 2008 (ohne Oberösterreich)

[29] www.oeamtc.at/fahrsicherheit

[30] www.autobild.de, www.tuev-sued.de

[31] Arbeiterkammer Wien – Konsumentenpolitik: Kosten der Auto Pickerl-Überprüfung 2008

[32] www.oeamtc.at/recht

[33] ÖAMTC Marktforschung: Ergebnisse der Umfrage AUTOPENDLER, Mai 2008

[34] Preisindex für den privaten Pkw-Verkehr, Verknüpfung auf Basis 1986=100

[35] Statistik Austria: Index für den Privaten Pkw-Verkehr; beauftragt von Arbeiterkammer, Wirtschaftskammer, Gewerkschaft öffentlicher Dienst, sowie den beiden Autofahrerclubs ÖAMTC und ARBÖ

[36] www.bmf.gv.at/steuern

[37] E. Pucher, A. Sekanina: CO_2-Äquivalent-Emissionen; in: CO_2-Emissionen des Straßenverkehrs, Band 6 der ÖAMTC AKADEMIE Schriftenreihe (2007)